Rigobert Günther

RÖMISCHE KAISERINNEN

W0296503

Rigobert Günther

RÖMISCHE KAISERINNEN

ZWISCHEN LIEBE, MACHT UND RELIGION

Militzke

Bibliografische Information Der Deutschen Bibliothek
Die Deutsche Bibliothek verzeichnet diese Publikation
in der Deutschen Nationalbibliografie;
detaillierte bibliografische Daten sind im Internet über
http://dnb.ddb.de abrufbar.

1. Auflage Taschenbuch
© Militzke Verlag, Leipzig 2003
© Militzke Verlag, Leipzig 1995
Alle Rechte vorbehalten

Lektorat: Siegfried Kätzel
Umschlaggestaltung: Ralf Thielicke
unter Verwendung eines Fotos von AKG, Berlin
Satz: Marion Maudrich
Druck und Bindung: Offizin Andersen Nexö Leipzig GmbH

ISBN 3-86189-604-4

INHALT

VON DER ERSTEN AUGUSTA BIS ZU DEN KAISERINNEN IM 5. JAHRHUNDERT

Die Geschichte römischer Kaiserinnen beginnt mit Livia Drusilla (58 v. Chr. – 29 n. Chr.), der dritten Ehefrau des ersten römischen Kaisers, des Kaisers Augustus, der von 27 v. Chr. bis zu seinem Tode 14 n. Chr. dieses Amt inne hatte. Augustus hatte sie im Jahr 38 v. Chr. geheiratet, aber erst in seinem Testament adoptierte er sie, nahm sie damit, die aus der plebejischen Familie der Livier stammte, in seine patrizische Familie der Julier auf. Erst nach seinem Tode erhielt sie den ehrenden Beinamen Augusta. Seit der Regierungszeit des Kaisers Caligula (37 – 41) wurde es üblich, diesen Titel an weibliche Mitglieder des Kaiserhauses zu verleihen. Vor allem die kaiserlichen Gemahlinnen führten ihn seit Kaiser Domitian (81 – 96) fast ausnahmslos.

Nun könnte man annehmen, daß es in der römischen Kaiserzeit kraft des Augusta-Titels auch staatsrechtlich anerkannte regierende Kaiserinnen gegeben habe. Dem ist aber nicht so. Wie es in der römischen frühen Königszeit keine regierende Königin gegeben hat, suchen wir auch später eine regierende Kaiserin vergebens. Die Geschichte der römischen Kaiserzeit kennt kein weibliches Erbfolgerecht. Obwohl es an herausragenden weiblichen Kaisergestalten in Rom nicht mangelte, erreichte doch keine solch bedeutsame politische Stellung wie etwa Elisabeth I. (1533 – 1603) oder Viktoria (1819 – 1901) in der englischen Geschichte, Katharina II. von Rußland (1729 – 1796) oder Maria Theresia von Österreich (1717 – 1780).

Livia, Gattin des Kaisers Augustus,
Bildniskopf aus Basalt, Ende 1. Jh. v. Chr.

Generell besaßen die römischen Frauen keine politischen Rechte. Sie waren von staatlichen und anderen öffentlichen Ämtern ausgeschlossen. Sie konnten kein richterliches Amt ausüben, ja noch nicht einmal Vormund ihrer eigenen Kinder sein. Es war ihnen nicht gestattet, ein Amt in der städtischen oder staatlichen Verwaltung zu übernehmen.

Eine Ausnahme gab es allerdings: Sie konnten Priesterinnen werden und hatten damit eine hohe anerkannte soziale Stellung inne. Manche Priesterämter waren sogar nur Frauen vorbehalten, etwa der kultische Dienst für die Göttin Vesta, der Göttin des Herdes und des heiligen Herdfeuers, das in einem Tempel am Fuß des Palatins in Rom von den Vestalinnen gehütet wurde und den Bestand und das Wohlergehen des Staates symbolisierte.

Die Frau war in der alten Mittelmeerwelt allgemein nicht auf Rosen gebettet. Sie stand immer im Schatten ihres Vaters, ihres Vormunds oder ihres Ehemannes. Frauen aus reichen und angesehenen Familien fanden eher einen Zugang zur Emanzipation als beispielsweise Gattinnen armer Tagelöhner, die von den wirtschaftlichen Problemen ihrer Familie ebenso erdrückt wurden wie in späteren Zeiten. Darüber hinaus war die Stellung der Frau von der Rolle abhängig, die sie im religiösen Leben und in den Kulten einnahm. In vielen Kulten der alten Mittelmeerwelt gab es herausragende Göttinnen, die aus noch ältereren Vorstellungen der Fruchtbarkeit, des Werden und Vergehens im Vegetationsrhythmus der Natur stammten und bei denen die Funktion des Gebärens, Nährens und des mütterlichen Schutzes im Zentrum standen. Außerhalb des Judentums des Alten Testaments und der frühen christlichen Religion gab es keine Annahme einer von der Frau angeblich verursachten Erbsünde und einer Vertreibung aus dem Paradies. Der Glanz jener »Großen Göttinnen« beeinflußte auch die gesellschaftliche Stellung der Frauen.

Diese Feststellung bezieht sich vor allem auf soziale Gemeinwesen des 3. und 2. vorchristlichen Jahrtausends. In den griechischen Siedlungen der kretisch-mykenischen Kultur des 2. Jahrtausends v. Chr. und noch in den Epen Homers (etwa 2. Hälfte des 8. Jahrhunderts v. Chr.), in der Ilias und in der Odyssee, wurden die Frauen geachtet. Das änderte sich mit dem Entstehen des antiken Stadtstaates, der von der Männerwelt beherrscht wurde. Demokratie wurde Männersache. Antikes Eheleben war zwar monogam aber die Männer hielten sich nicht daran. Der Wirkungskreis der Frau blieb auf das Haus und auf die Kindererziehung beschränkt. Aktive politische Rechte besaßen die Frauen nicht. Komödiendichter konnten Wünsche und Sehnsüchte der Frauen auf der Bühne vortragen lassen, in der alltäglichen Politik war dafür kein Platz. Vormund der Frauen war entweder ihr Vater oder ihr Ehemann oder der Erbe ihres Gatten. Lebte keiner von diesen mehr, beauftragte der Stadtstaat einen Beamten mit der Vormundschaft. Letztere erstreckte sich nicht allein auf die Person der Frau,sondern auch auf ihren Besitz. Erben waren im allgemeinen nur die legitimen Söhne. Nur wenn keine männlichen Erben vorhanden waren, kam die Reihe auch an die Töchter, die damit eine gefragte Partie wurden. Breitere Wirkungsmöglichkeit, die politischen Einfluß einbeziehen konnte, besaßen Frauen, wenn sie auf die Ehe verzichteten und Lebensgefährtin eines angesehenen Bürgers wurden. Wenn sie außerdem noch literarisch und philosophisch gebildet waren, gehörten sie in den städtischen »Salons« zu den gefragten Erscheinungen. Sie wurden Hetären genannt, d. h. Gefährtinnen, und waren keine Frauen des horizontalen Gewerbes, die ihrem Beruf auf der Straße oder in einem Bordell nachgingen, sondern in musischen Künsten gebildet, sozial anerkannt und hatten mit bedeutenden Persönlichkeiten Umgang.

Auch bei den Germanen noch stand die Frau immer unter der Gewalt ihres Vaters oder des Gatten; diese Gewalt wurde die Munt genannt, wovon unsere Bezeichnung Vormund abgeleitet ist.

Ehebruch der Frau wurde bei den Völkern des alten Mittelmeerraums schwer bestraft, meist mit dem Tode. Dem Mann bereitete ein Ehebruch nur dann Sorge, wenn er ihn mit einer verheirateten Frau betrieb und dabei in flagranti erwischt wurde. »Schlief« er mit einer Sklavin oder mit einer Freigelassenen, so empfand man das als üblich und normal. Aber wehe, wenn sich eine Frau mit einem Sklaven einließ.

Kaiserinnen konnten auf verschiedene Art und Weise die öf-

Agrippina die Jüngere,
Gattin des Kaisers Claudius, Mutter des Kaisers Nero,
Kopf einer Mamorstatue, um 50 n. Chr.

fentliche Aufmerksamkeit auf sich ziehen und die Politik ihres Gatten beeinflussen. Eine Kaiserin vermochte, wenn sie zwar ehrgeizig, aber klug war, sich zurückzuhalten, wie Livia, ihren Gatten bei seinen politischen Entscheidungen beeinflussen, indem sie ihn bestärkte und unterstützte. Sie konnte aber auch wie Valeria Messalina (um 25 – 48), die dritte Gattin des Kaisers Claudius (41 – 54), durch besonders sittenlosen Lebenswandel und durch ihre Grausamkeit das Interesse auf sich ziehen. Claudius verzieh ihr vieles, aber als sie in aller Form eine zweite Ehe mit ihrem Liebhaber Gaius Silius einging, war dies ihm doch zuviel, und er ließ sie hinrichten. Gewisse Grenzen des Anstandes mußten auch Kaiserinnen beachten. Aber Claudius hatte kein Glück mit seinen Gattinnen. Agrippina (15 – 59), die er danach heiratete, setzte ihm ein Pilzgericht vor, das man nur einmal verzehren konnte! Ihr Sohn Nero, der neue Kaiser (54 – 68), dankte es ihr jedoch schlecht. Fünf Jahre nach seiner Thronbesteigung ließ er sie ebenfalls ermorden.

Hatte eine Kaiserin nicht die Absicht, die Politik ihres Gatten zu beeinflussen, blieb ihr die Möglichkeit, durch einen besonders aufwendigen Lebensstil zu glänzen. Poppaea Sabina (um 30 – 65), die zweite Frau Neros, badete täglich in der Milch von 500

Eselinnen, um ihre Haut frisch zu halten. Allerdings hatte auch sie ein bedauernswertes Schicksal. In einer ehelichen Auseinandersetzung soll Nero seiner schwangeren Frau in den Leib getreten haben, woran sie starb.

Selbstbewußtsein, kluge Zurückhaltung, Bemühen um Einflußnahme im politischen Leben, Benehmen von Teenagern, äußerste Sittenlosigkeit – alle diese Charaktere waren unter den Kaiserinnen vorhanden. Der Stadtklatsch in Rom weidete sich genüßlich am ausschweifenden oder sonstwie auffallenden Lebenswandel der kaiserlichen Damen.

Auch Frauen mit hoher Bildung und großer Willenskraft sind unter den Kaiserinnen zu finden. Zu ihnen gehört Iulia Domna (gestorben 217), die Gattin des Kaisers Septimius Severus (193 – 211). Syrerin von Geburt, Tochter des Erzpriesters des Baal von Emesa, unterstützte sie aktiv die Politik ihres Gatten und nahm auch an seinen Feldzügen teil. Mit vielen Göttinnen wurde sie gleichgesetzt. Nach der Ermordung ihres Sohnes, des Kaisers Caracalla (211 – 217) beging sie Selbstmord.

Iulia Domna und ihre Schwester Iulia Maesa waren Töchter des Hohenpriesters des syrischen Sonnengottes von Emesa. Als Iulia Domna zu ihrem Gatten nach Rom zog, folgten ihr viele Angehörige ihrer Familie, darunter vor allem ihre Schwester und deren Töchter Iulia Soemias und Iulia Mamaea. Nach dem Selbstmord der Iulia Domna kehrten Iulia Maesa und ihre Töchter nach Emesa zurück. Dort waren Iulia Maesa und Iulia Soemia maßgeblich an der Erhebung des Sohnes der Soemia, des Varius Avitus Bassianus, zum römischen Kaiser beteiligt. Bassianus war inzwischen selbst Hohenpriester des Sonnengottes von Emesa geworden. Nach dem Namen des Gottes El-Gabal, »Herr des Gebirges« wurde er Elagabal genannt. Am 16. Mai 218 hatten die Bemühungen der beiden Frauen Erfolg, und Elagabal, erst 14 Jahre alt, wurde vom Heer zum Kaiser ausgerufen (218 – 222). Latinisiert erschien der Name dann als Heliogabalus. Der neue Kaiser hatte aber wenig Lust und auch nicht die Begabung, die Regierung zu führen. Das Geschäft übernahmen seine Großmutter Iulia Maesa und seine Mutter Iulia Soemia. Für römische Sitten Unglaubliches geschah: Die beiden Damen nahmen unge-

Iulia Domna, Septimus Severus
mit ihren Söhnen Caracalla und (getilgt) Geta,
auf einem auf einer Holzscheibe gemalten Familienbildnis, um 200

niert im Senat ihre Plätze neben den Konsuln ein, die den Vorsitz führten. Der Kaiser machte sich durch Ausschweifungen und seine Verachtung römischer Gebräuche immer unbeliebter. Großmutter Iulia Maesa besaß dafür ein feines Gespür, wandte sich trotz Gegenwehr der Mutter Iulia Soemia von ihm ab und begann, ihren anderen Enkel, den Sohn der Iulia Mamaea, in den Vordergrund zu stellen. Ein familiärer Kampf um die Macht tob-

Kaiser Septimius Severus (193 – 211)

Kaiser Caracalla (211– 217)

Kaiser Constantiuns I. (Chlorus), Goldmünze

Helena, Mutter des Kaisers Konstantin I., Goldmünze

te, den die Soldaten gegen den Kaiser Elagabal und seine Mutter entschieden. Im März 222 wurden Mutter und Sohn erschlagen und ihre Leichen in den Tiber geworfen. Nachfolgender Kaiser wurde der Sohn der Iulia Mamaea, Severus Alexander (222 – 235), der bei der Thronbesteigung gerade 16 Jahre alt war. Der neue Kaiser vermied die Eskapaden seines Cousins, die diesem das Leben gekostet hatten.

Aber wieder waren es die kaiserlichen Damen, die in der Regierung das erste Wort führten. Iulia Mamaea führte in Inschriften den Titel »Mutter des Augustus, des Heeres, des Senats und des Vaterlandes«. Der Kaiser selbst war ein mittelmäßiger, nicht vom Glück verfolgter schwacher Herrscher. Solange ihn seine kluge und besonnene Großmutter Iulia Maesa leitete, schien alles gut zu gehen, aber als sie im Jahr 226 starb, hatte Mutter Iulia Mamaea nicht das gleiche Geschick. Severus Alexander war in den Augen der hohen Offiziere völlig unmilitärisch. Nach mehreren Niederlagen wandten sie ihre Sympathie einem anderen zu. Der Kaiser und die ihn begleitende Mutter wurden am 22. März 235 während eines Heerzuges gegen germanische Stämme vom meuternden Heer am Rhein in der Nähe von Mainz erschlagen.

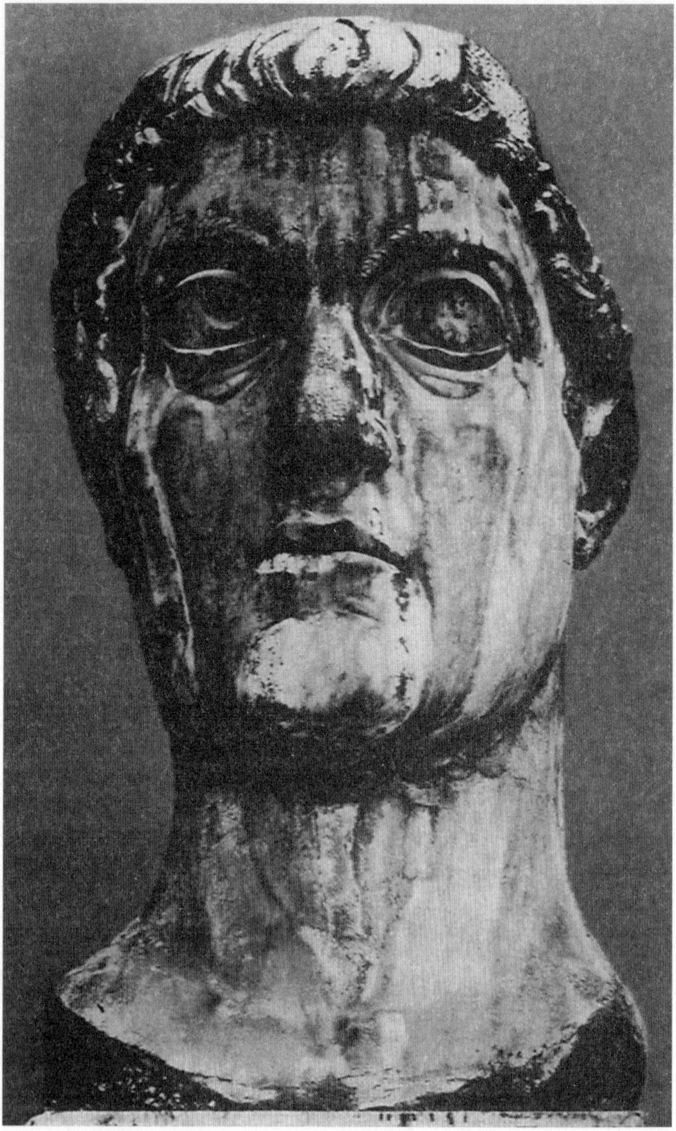

Kopf einer Kolossalstatue des Kaisers Konstantin I.

Kaiser Konstantin I., Goldmünze

Fausta, Gattin des Kaisers Konstantin I., Goldmünze

Von 218 bis 235 hatten die drei kaiserlichen Damen für ihre unbedeutenden Söhne und Enkel die Anhänglichkeit des Heeres und der Führungsschichten für die Familie der Severer im Interesse einer kontinuierlichen Regierung nutzen können. Dann war der Bonus verspielt, und sie verloren nicht nur die Macht, sondern auch ihr Leben.

Kamen die Kaiserinnen in der frühen Kaiserzeit in der Regel aus den Oberschichten der Gesellschaft, so spielte ihre soziale Herkunft in der späten Kaiserzeit keine Rolle. Schönheit, Anziehungs- und Ausstrahlungskraft, weibliche Raffinesse, einen Heerführer mit erfolgversprechender Zukunft für sich zu gewinnen, verfehlten nicht ihren Eindruck. Helena, die Mutter des Kaisers Konstantins I., auch der Große genannt (306 – 337), war eine Magd und Geliebte seines Vaters Constantius Chlorus (293 – 306), nicht seine Ehefrau, und das tat beiden Männern in ihrer kaiserlichen Karriere keinen Abbruch. Constantius Chlorus verstieß dann Helena und heiratete im Jahr 289 Theodora, die Tochter des Kaisers Maximian (285 bis 305).

Konstantin trat in die Fußstapfen seines Vaters. Auch sein ältester Sohn Crispus (305 – 326) wurde ihm von seiner Konkubine Minervina geboren. Aus dynastischen Gründen heiratete er im Jahr 307 Fausta, auch eine Tochter des Kaisers Maximian. Etwa zu Beginn der zwanziger Jahre holte Konstantin seine Mutter Helena an seinen Hof zurück und erwies ihr verschiedene Ehrungen. Sie erhielt sogar das kaiserliche Diadem, das Gattin Fausta nicht bekommen hatte.

Von christlicher Geschichtsschreibung hoch gewürdigt, konnte Helena es offenbar nicht verwinden, daß sie einst von den Töchtern Maximians zurückgesetzt worden war. Sie intrigierte gegen die Kinder Theodoras und Faustas und war am Hofklatsch über eine angebliche Liebesaffäre des Crispus mit seiner Stiefmutter Fausta nicht unbeteiligt. Konstantin ließ im Jahr 326 Crispus durch Gift und Fausta in einem überhitzten Bad umbringen.

Helena tat viel zur Verbreitung des Christentums; zusammen mit ihrem Sohn veranlaßte sie den Bau der Apostelkirche in Konstantinopel und ließ die Geburtskirche in Bethlehem und die Grabeskirche in Jerusalem errichten. Etwa gegen Ende des 4. Jahrhunderts bildete sich dann die Legende, Helena habe auf ihrer Pilgerreise in Jerusalem das Kreuz Jesu gefunden. 330 starb Helena und wurde in Rom beigesetzt. Ihr Porphyrsarkophag befindet sich im Vatikanischen Museum.

Natürlich waren nicht alle Kaiser und Cäsaren der Spätantike das Ergebnis früher Seitensprünge ihrer Väter, und nicht alle kaiserlichen Damen entstammten den sozialen Unterschichten. Die Gattin des oströmischen Kaisers Leo I. (457 – 474) und die Frau des Kaisers Justin I. (518 – 527) waren germanischer Herkunft. Der impotente weströmische Kaiser Honorius war in erster und zweiter Ehe mit Töchtern seines germanischen obersten Heermeisters Stilicho verheiratet. Beide Töchter sollen als Jungfrauen gestorben sein. Stilicho selbst hatte die Nichte und Adoptivtochter des Kaisers Theodosius I., Serena, geheiratet. Die Ehefrau von Kaiser Constantius II. (337 – 361) und die Gemahlin des Kaisers Valens (364 – 378) hatten Offiziere der kaiserlichen Armee als Väter. Einige Kaiserinnen entstammten den städtischen Oberschichten der Provinzen. Lupicina, die als Kaiserin dann Euphemia hieß, Gattin des schon genannten Justin I., war eine Germanin und als Sklavin verkauft worden. Justin lernte sie bei ihrem Eigentümer kennen, verliebte sich in sie, kaufte sie frei und heiratete sie. Auch das gab es.

Andere Kaiserinnen waren Töchter von Kaisern, die wieder Kaiser heirateten. So blieb alles in der Familie.

Aber keine Kaiserin konnte in eigenem Namen herrschen. Als Mutter, Ehefrau oder Schwester konnten sie aber wenigstens zeitweilig beherrschenden Einfluß auf politische Entscheidungen ausüben, vor allem wenn ihre Gatten oder Brüder oder Söhne nahezu politisch bedeutungslos, regelrechte Versager in der Politik waren.

DAS RÖMISCHE REICH AM ENDE DES 4. JAHRHUNDERTS

Bevor wir uns den Schicksalen von fünf römischen Kaiserinnen und ihren Familien zuwenden, wollen wir kurz die historische Situation kennzeichnen, in der sie lebten, liebten, beteten, intrigierten, Macht ausübten, Verbrechen begingen oder auch mildtätig Armen halfen.

Es ist für uns in der Gegenwart leichter als für den damaligen Zeitgenossen, die politische und soziale Lage des Römischen Reiches in der Spätantike zu beurteilen. Der historische Abstand von rund 1600 Jahren und die in den letzten 200 Jahren erfolgten Forschungen ermöglichen eine Analyse, die jene Gesellschaft immer schärfer und differenzierter zergliedert. Während wir heute im Römischen Reich in der zweiten Hälfte des 4. Jahrhunderts Ansätze von Veränderungen erkennen können, die dann hundert Jahre später zum Ende des weströmischen Kaisertums, zur Entstehung germanischer Königreiche auf römischem Boden und zur Entwicklung einer feudalen mittelalterlichen Gesellschaft führten, war für die Menschen jener Zeit mit ganz wenigen Ausnahmen Rom immer noch eine Roma aeterna, ein ewiges Rom und das Reich ein imperium sine fine, eine Herrschaft ohne Ende.

Als im Jahr 364 die Kaiser Valentinian I. (364 – 375) und sein Bruder Valens (364 – 378) die Verwaltung des Reiches teilten, bedeutete dies zwar noch nicht das Ende der staatlichen Einheit Roms, wie sie sich nach dem Tode des Kaisers Theodosius I. im Jahr 395 ergab, aber es wurde doch manches vorweggenommen, was dann in ein Oströmisches und in ein Weströmisches Reich einging.

Die politische Stellung der Heermeister, seit der Mitte des Jahrhunderts schon oftmals germanischer Herkunft, erhöhte sich. Sie erhielten den höchsten senatorischen Rang und bekleideten das Konsulat.

Das Heer wurde mehr und mehr zu einer eigenen Größe, die sich selbst vermehrte und immer schwerer zu kontrollieren war. Im eigenen Land wurde es oft zu einer schweren Plage, vergleichbar mit den Landsknechtshaufen des Dreißigjährigen Krieges. Man kann sich fragen, wessen Interessenvertreter dieses Heer eigentlich war; mehr und mehr vertrat es die eigenen Interessen. Patriotisch waren diese nicht, blieb der Sold aus, war es schwierig, wenn nicht unmöglich, Krieg zu führen. Man folgte dem Heerführer, der als erfolgreich galt, denn dann winkte der Anteil an der Beute. Ob die Kaiser Christen oder Heiden waren, war dem Heer egal. Aber andererseits bildete sich in jenem Jahrhundert eine dynastische Anhänglichkeit, eine Gehorsamkeit gegenüber der legitimen Autorität, heraus, auch wenn die Dynastien meist nur kurzfristig waren und zwei Generationen nicht überdauerten.

Dies hatte zur Folge, daß die Heere auch Kaiser anerkannten, wenn diese noch kleine Knaben waren. Gleichzeitig aber stärkte diese Haltung die Position der führenden Heermeister. Sie und die leitenden Reichsbeamten der Hofaristokratie übten einen bestimmenden Einfluß auf politische Entscheidungen aus und wollten ihn auch nicht mehr missen. Als Kaiser Valentinian I. nach einer Krankheit im Jahr 367 seinen ältesten Sohn zum Augustus, zum Mitherrscher, erhob und das Heer dem zustimmte, war dieser, Flavius Gratianus, gerade 8 Jahre alt. Und als Valentinian I. im Jahr 375 starb, rief das Heer unter dem Kommando der beiden ranghöchsten Heermeister Merobaudes und Equitius den zweiten Sohn des verstorbenen Kaisers, Flavius Valentinian II., der erst 4 Jahre alt war, zum Kaiser und Mitherrscher neben seinem Bruder Gratian aus (375 – 392).

Neben den Heermeistern war da aber noch Iustina, die zweite Gattin Valentinians I. und Mutter des Kinderkaisers Valentinian II., die für ihren Sohn faktisch die Regierungsgeschäfte führte und sich bis zu ihrem Tode 388 nicht das Heft aus der Hand nehmen ließ. Sie war eine energische Frau, stritt mit dem Bischof Ambrosius von Mailand in Kirchenangelegenheiten und verband sich mit Kaiser Theodosius I., der ihre Tochter Galla heiratete. Damit gab es einen Übergang von der valentinianischen zur theodosianischen Dynastie.

Eine besondere Gefahr für Rom zeigte sich seit der Mitte des 4. Jahrhunderts an den Grenzen von Rhein und Donau. Zwar hatte man schon ein Jahrhundert vorher Gebiete östlich des oberen Rheins, das sogenannte Dekumatland, und die Provinz Dakien auf dem Balkan nach stürmischen Angriffen germanischer Stammesverbände aufgeben müssen, doch blieben die neuen Grenzen an Rhein und Donau bis zur Mitte des 4. Jahrhunderts im wesentlichen gesichert. Einzelne Vorstöße konnten immer wieder abgefangen und zurückgedrängt werden. Die Situation änderte sich jedoch gründlich um die Jahrhundertmitte. Gingen die germanischen Stämme bis dahin vor allem auf Beuteerwerb aus, so suchten sie jetzt in den Gebieten links des Rheins Siedlungsland. Alamannen und Franken überrannten die Grenzen und zerstörten in kurzer Zeit in den Provinzen nahe des Rheins 45 Städte. Köln war in fränkischer Hand, und die Plünderungszüge erstreckten sich bis ins mittlere Gallien. Kaiser Constantius II. (337 – 361) sandte seinen Verwandten Julian mit der Würde eines Caesar nach Gallien, um die Barbaren zu vertreiben und die römische Ordnung wiederherzustellen. In mehreren Feldzügen bekämpfte Julian erfolgreich Alamannen und Franken, besiegte die Alamannen unter ihrem Fürsten Chnodomar im Jahr 357 in einer Schlacht bei Argentoratum (Straßbourg) und trieb sie aus dem Elsaß, aus der Rheinpfalz und aus Rheinhessen wieder über den Rhein zurück. Chnodomar wurde gefangen genommen. Julian, von 361 bis 363 römischer Kaiser, entwickelte außerordentliche Fähigkeiten in der Truppenführung. Im Jahr 358 zog er gegen die salischen Franken am Unterlauf des Rheins und nahm sie als Föderaten (Bundesgenossen) in das Reich auf. Dreimal überschritt Julian mit seinem Heer in diesen Jahren den Oberrhein, um vor allem gegen die Alamannen zu kämpfen. Im Friedenschluß mußten sie ihre Beute zurückgeben und 20 000 römische Provinzbewohner wieder freilassen, die sie bei ihren Kriegszügen gefangengenommen hatten. Gegen Ende der fünfziger Jahre hatte Julian sein Ziel erreicht: Die Germanengefahr war vorerst an dieser Grenze abgewendet worden. Unter den geplünderten und zerstörten Städten befanden sich Straßbourg, Metz, Speyer, Worms, Mainz, Wiesbaden, Bingen, Andernach, Bonn, Köln, Neuß und die Colonia Ulpia Traiana in der Nähe von Xanten. Julian veranlaßte den Wiederaufbau und ließ die Grenzstädte befestigen. Eine Flußflotte kontrollierte die Rheingrenze.

Alamannen, Franken und andere rechtsrheinische Stämme mußten erkennen, daß eine dauerhafte germanische Landnahme links des Rheins nur in einem Föderatenstatus möglich war. Föderaten waren Volksstämme, die durch einen Bündnisvertrag mit Rom verbunden waren, an römischen Kriegen mit eigenen Kontingenten und unter eigenem Kommando teilzunehmen. Seit dem 4. Jahrhundert wurden sie auf römischem Reichsboden angesiedelt und erhielten Land, Geldzuwendungen und Lebensmittellieferungen. Rom war noch stark genug, eine selbständige Ansiedlung dieser Völker zu verhindern.

Trotz seiner kurzen Regierungszeit war Julian einer der letzten bedeutenden Herrscher des Jahrhunderts. Er nahm der christlichen Kirche ihre Privilegien, war aus Überzeugung religiös, aber eben kein Christ. Die Verehrer der traditionellen Götterkulte beklagten trauernd seinen frühen Tod während eines Feldzuges gegen die Perser. Manchen überkam eine bange Vorahnung, daß mit dem Tod Julians auch die Sterbestunde des Römischen Reiches eingeläutet worden war. Der griechische Rhetor Libanios aus Antiochia (314 um 393), der erfolgreichste Lehrer der Redekunst seiner Zeit, gab dieser Stimmung in einer Rede Ausdruck: »So wie der Tod Hektors das Ende Trojas ankündigt, so weist der Tod Julians voraus auf den Untergang Roms.«[1]

Während die Germanengefahr nach den Erfolgen Julians in Grenzen gehalten werden konnte, trat um 374/375 ein für Rom und für die Germanen folgenschweres Ereignis ein. Hunnische Stämme, die zu den Turkvölkern gehörten, und die schon spätestens seit dem 2. Jahrhundert von der Ostküste der Maiotis (Asowsches Meer) landeinwärts als Nomaden lebten, hatten sich mit anderen Stämmen vereinigt und drangen aus ihren Sitzen an den Unterläufen von Wolga und Don unaufhaltsam nach Westen vor. Die Ursachen dieser weit ausgreifenden Expansion lagen einmal in Veränderungen der gesellschaftlichen Struktur der hunnischen Stämme, in denen sich ein auf Raub und Machtzuwachs orientierter Adel entwickelt hatte, zum anderen auch in klimatischen Schwankungen in Innerasien, denen die Hunnen als Nomaden besonders ausgesetzt waren. Rasch überrannten sie das Reich der Ostgoten, die unter ihrem König Ermanarich in Südrußland siedelten, und unterwarfen dieses Volk. König der Hunnen war damals Balamber. Von Südrußland aus stießen sie weiter nach Westen vor, machten sich weitere Stämme dienstbar und drängten und schoben andere vor sich her. Die hunnische Expansion veranlaßte zahlreiche Stämme zum plötzlichen Aufbruch aus ihren Wohnsitzen und zur Wanderung nach Westen oder Südwesten. Sie leitete eine Wanderbewegung ein, die in der historischen Literatur traditionell als germanische Völkerwanderung bezeichnet wird.

Die umfangreichste Schilderung hunnischer Sitten und Gebräuche stammt von dem spätantiken aus griechischer Familie stammenden Historiker Ammianus Marcellinus (um 330 – um 395). Er berichtet von ihnen: »Bei ihrer reizlosen Menschengestalt sind sie durch ihre Lebensweise so abgehärtet, daß sie keines Feuers und keiner gewürzten Speise bedürfen, sondern von den Wurzeln wilder Kräuter und dem halbrohen Fleisch von jedwedem Getier leben, das sie zwischen ihre Schenkel und den Pferderücken legen und etwas erwärmen. Sie kennen niemals den Schutz von Gebäuden, meiden solche vielmehr wie Gräber, die vom allgemeinen Verkehr völlig abgeschieden sind. Auch kann man bei ihnen nicht einmal eine mit Rohr gedeckte Hütte finden. Sondern ruhelos schweifen sie durch Felder und Wälder und sind von klein auf gewöhnt, Kälte, Hunger und Durst zu ertragen ...

Sie kleiden sich in linnende Gewänder und solche, die aus Fellen von Waldmäusen zusammengenäht sind, und haben keine besondere Kleidung für den Hausgebrauch und außerhalb des Hauses, sondern wenn sie einmal den Kopf in ein Hemd von schmutziger Farbe gesteckt haben, legen sie es erst ab oder wechseln es, wenn es durch langen Verschleiß in Fetzen aufgelöst und zerfallen ist. Den Kopf bedecken sie mit einer runden Kappe und schützen die behaarten Beine mit Ziegenfellen. Ihre Schuhe werden nicht auf Leisten gepaßt und hindern sie daran, frei auszuschreiten. Deswegen sind sie zu Fußkämpfen ungeeignet, aber auf ihren abgehärteten, doch unschönen Pferden sitzen sie wie angegossen und reiten auf ihnen bisweilen im Frauensitz, wenn sie ihre natürlichen Bedürfnisse erledigen. Von seinem Pferd aus kauft und verkauft jedermann in diesem Volk, nimmt sein Essen und Getränk zu sich und gibt sich, auf den schmalen Hals des Tiers gebeugt, tiefem Schlaf hin und erlebt dabei die verschiedensten Träume. Wenn eine Beratung über wichtige Dinge angesetzt ist, beraten sie alle gemeinsam in dieser Haltung ...

Bei Kämpfen fordern sie den Gegner zuweilen heraus und beginnen das Gefecht mit ihm in geschlossenen Abteilungen, wobei ihre Stimmen furchtbar ertönen. Da sie für schnelle Bewegungen leicht bewaffnet sind, unerwartet auftauchen, können sie sich absichtlich plötzlich auseinanderziehen und ihre Reihen lockern wie in einer ungeordneten Aufstellung. Ein furchtbares Blutbad anrichtend, reiten sie hin und her, und wegen ihrer gewaltigen Schnelligkeit sieht man sie kaum, wenn sie in eine Befestigung eindringen oder ein feindliches Lager plündern. Man möchte sie aus dem Grund die furchtbarsten von allen Kriegern nennen, weil sie im Fernkampf mit Pfeilen kämpfen, die mit spitzen Knochen anstelle von Pfeilspitzen mit wunderbarer Kunstfertigkeit zusammengefügt sind, im Nahkampf aber mit der Waffe ohne Rücksicht auf sich selbst fechten. Während sie den gefährlichen Schwerthieben ausweichen, fangen sie ihre Feinde mit geflochtenen Lasso ...

Niemand pflügt bei ihnen oder berührt jemals den Pflug. Denn sie alle kennen keine festen Wohnsitze, sondern schweifen umher, ohne Haus, ohne Gesetz und feste Lebensweise, immer wie auf der Flucht mit ihren Wagen, auf denen sie wohnen. Hier nähen ihre Frauen für sie die schmutzigen Kleidungsstücke, hier paaren sie sich mit ihren Männern, gebären ihre Kinder und ziehen sie bis zur Mannbarkeit auf. Niemand bei ihnen kann auf die Frage, woher er stamme, eine Antwort geben, denn irgendwo wurde er gezeugt, weit fort davon geboren und in noch größerer Entfernung erzogen. Im Falle eines Waffenstillstandes treulos, sind sie bei jedem Hauch einer neu sich zeigenden Hoffnung ständig leicht erregbar und geben sich ganz ihrer triebhaften Raserei hin. Wie Tiere, die keinen Verstand haben, kennen sie keinen Begriff von Ehre und Ehrlosigkeit, führen zweideutige und dunkle Reden und unterliegen keinem Einfluß von Ehrerbietung vor einer Religion oder auch nur einem Aberglauben. Doch brennen sie von unmäßiger Begierde nach Gold. So wankelmütig sind sie, und ihr Zorn ist so leicht erregbar, daß sie sich oft an ein und demselben Tag ohne jegliche Ursache von ihren Bundesgenossen trennen und sich ebenso schnell wieder versöhnen, ohne daß jemand sie besänftigt.«[2]

Der Bericht Ammians ist allerdings durch die Vorurteile derer gefärbt, die ihm das Leben der Hunnen beschrieben. Hinzu kommt, daß er alle Barbaren haßte, auch diejenigen, die im Dienste Roms standen. »Die Beschreibung des Ammianus ist von Haß und Furcht verzerrt.«[3] Nicht alles in der Darstellung des Historikers ist wörtlich zu nehmen, manches übernahm er aus früheren Berichten anderer über die Skythen, über die Parther und über andere Nomadenstämme. Dennoch ist sein Exkurs über die Hunnen eine der wichtigsten literarischen Quellen über sie, die wir besitzen.

Durch das Vordringen der Hunnen und die Völkerwanderung hatte sich um das Jahr 376 die Lage an der römischen Grenze an der unteren Donau zugespitzt. Abgesplitterte Stammesteile der Ostgoten und anderer Stämme, die vor den Hunnen geflohen waren, forderten vergeblich Aufnahme in das Römische Reich, setzten dennoch über die Donau und siedelten sich in Pannonien, im heutigen Ungarn, an. Unter den Westgoten, die südlich der Flüsse Dnjestr und Pruth lebten, kam es unter dem Zwist zweier Anführer zu einer Spaltung. Die einen unter der Führung des Athanarich, antirömisch eingestellt und antichristlich, weil man in gotischen Christen römische Kollaborateure vermutete, wichen nach mehreren Niederlagen dem hunnischen Druck in die südlichen Karpaten aus, die außerhalb der Reichsgrenzen lagen. Die andere Gruppe, die sich dem arianischen Christentum unter dem Einfluß des westgotischen Bischofs Wulfila (um 311 – 383) angeschlossen hatte, suchte und erhielt unter ihren Anführern Fritigern und Alaviv Land zur bäuerlichen Besiedlung in Thrakien zugewiesen. So »stieß das Barbarenland Schwärme von Kriegern wie Asche vom Ätna überall hinaus«, schrieb Ammianus Marcellinus.[4]

Kaiser Valens und seine Berater sahen in den Westgoten vor allem ein volkreiches Reservoir, um das Heer mit Söldnern im Kampf gegen die Hunnen zu ergänzen und um abgabepflichtige Bauern für die Bebauung des Landes zu gewinnen. Es sollen etwa 200 000 Menschen gewesen sein, die über die Donau zogen.[5]

Es war verständlich, daß es für die Neuangekommenen Versorgungsprobleme gab. Aber die lokalen römischen Truppenführer und Verwaltungsbeamten suchten sich bei dieser Gelegenheit maßlos zu bereichern. »Sie brachten soviel Hunde auf, wie es ihre Unersättlichkeit vermochte, und gaben je einen für einen Sklaven«, überliefert Ammianus Marcellinus.[6]

Kein Wunder, daß sich durch diese Verknechtung und Unterdrückung die Goten getäuscht sahen. Im Jahr 377 erhoben sich die Westgoten und verbündeten sich mit ihren verknechteten Stammesgenossen und mit anderen germanischen Gruppen auf dem Balkan und verheerten zahlreiche Dörfer und Grundbesitzungen. In Thrakien und an der unteren Donau fanden Kämpfe mit wechselndem Erfolg statt. Im folgenden Jahr konzentrierten die Westgoten ihre Hauptkräfte in der Nähe der Stadt Adrianopel (Edirne) in Thrakien. Sie wurden von Scharen der Taifalen, Alanen, Ostgoten und sogar von Hunnen unterstützt, die auch über die Donau gekommen waren. Die Taifalen gehörten zu den Stämmen der Sarmaten, waren durch langes Nebeneinander- und Zusammenleben mit vandalischen und gotischen Stämmen teilweise germanisiert und besaßen eine ausgezeichnete Kavallerie. Die Alanen waren ein aus Iran kommender Stamm, der sich nach langen Wanderungen den Vandalen angeschlossen hatte.

Die römischen Truppenführer unterschätzten die Zahl des westgotischen Heeres, und so glaubte Kaiser Valens, nicht auf die militärische Unterstützung seines Neffen, des Kaisers Gratian, warten zu müssen. Am 9. August 378 kam es bei Adrianopel zur entscheidenden Schlacht, in der die Römer eine vernichtende Niederlage erlitten. Valens selbst kam in der Schlacht um. Die Goten und ihre Verbündeten waren zeitweilig die Herren des Balkans, ohne allerdings die großen befestigten Städte einnehmen zu können.

Ammianus Marcellinus schildert den Verlauf der Schlacht folgendermaßen: »Als nach einem Marsch über bergige Straßen um die Mittagsstunde die Hitze glühend wurde, kamen um die achte Stunde (d. h. zwischen 13 und 14 Uhr) endlich die Wagen der Feinde in Sicht. Wie die Späher berichteten, waren sie in Form eines wohlgedrechselten Kreises zusammengestellt. Die Masse der Barbaren erhob nach ihrer Gewohnheit ein wildes und dumpfes Geheul, und die römischen Heerführer stellten das Heer in Schlachtordnung auf ...

Von allen Seiten wurden jetzt die Waffen und Wurfspeere geschwungen, die Kriegsgöttin wütete furchtbarer als gewöhnlich und ließ trauerverkündende Trompeten zum Untergang der Römer ertönen. Beim Zurückweichen leisteten unsere Soldaten unter vielen anfeuernden Rufen noch Widerstand, doch die Schlacht, die wie eine Feuersbrunst aufloderte, erschreckte sie, und einige wurden durch die dahinwirbelnden Wurfspeere und Pfeile getroffen. Wie Schiffe mit Rammspornen stießen die Schlachtreihen aufeinander, drängten sich vor und zurück und wurden wie Meereswogen durch die gegenseitigen Bewegungen hin- und hergeworfen. Unser linker Flügel drang unmittelbar bis an die Wagen heran und wäre, wenn jemand Hilfe gebracht hätte, noch weiter vorgerückt. Doch ließ ihn der Rest der Reiterei im Stich, und so wurde er durch die andrängende Menge der Feinde wie durch den Einsturz eines mächtigen Damms erdrückt und auseinandergeworfen. Ohne Schutz standen die Fußsoldaten in so dicht gedrängten Abteilungen da, daß kaum einer das Schwert ziehen oder den Arm zurücknehmen konnte. Der Himmel hallte von entsetzlichen Schreien wider und war vor Staubwolken schon nicht mehr deutlich zu sehen. Aus diesem Grunde trafen die von überallher den Tod bringenden Wurfgeschosse ihr Ziel und schlugen Wunden, ohne daß man sie vorher sehen und sich gegen sie schützen konnte.

Als nun die Barbaren in unermeßlichen Scharen hervorstürzten und Pferde und Männer niederritten, ließ sich nirgends Raum für einen Rückzug in geschlossenen Reihen gewinnen, und das dichte Gedränge nahm jede Möglichkeit des Entrinnens. Da griffen auch unsere Soldaten in höchster Todesverachtung wieder zum Schwert und hieben die Anstürmenden nieder, von der anderen Seite hagelte es Hiebe mit der Streitaxt, und Helme und Panzer wurden zerschmettert ...

Auf beiden Seiten fielen die Kämpfer, die Leiber sanken auf den Boden, und das Schlachtfeld füllte sich mit Toten. Die Schreie der Sterbenden und der von tiefen Wunden Zerrissenen konnte man nur mit ungeheurem Grauen hören. Bei dem so großen Durcheinander und der allgemeinen Verwirrung hatten die von Mühen und Gefahren erschöpften Fußsoldaten weder genügend Kraft noch Mut, um einen Plan zu fassen. Da die meisten Speere bei dem anhaltenden Zusammenprall zerbrochen waren, mußten sie sich mit dem gezückten Schwert begnügen und stürzten sich in die dichten Scharen der Feinde, ohne an das eigene Leben zu denken, zumal sie erkannten, daß ihnen jede Möglichkeit zu entkommen versperrt war. Weil der mit Strömen von Blut bedeckte Erdboden die unsicheren Schritte ausgleiten ließ, versuchten sie auf jede Weise, ihr Leben so teuer wie möglich zu verkaufen, und leisteten mit großer Hartnäckigkeit den andrängenden Feinden Widerstand ...

Wohin sich auch der Blick wandte, überall türmten sich die Leichen zu Haufen, und die entseelten Körper wurden schonungslos mit Füßen getreten. Die Sonne stand hoch ... sie versengte die vom Hunger mehr geschwächten und vom Durst erschöpften Römer, die außerdem an der Last ihrer Waffen schwer zu tragen hatten. Schließlich wurden unsere Linien durch den Druck der Barbaren zum Weichen gebracht. In völliger Unordnung wandten sie sich, wie jeder gerade konnte, zur Flucht als dem einzigen Ausweg, den sie in der höchsten Not hatten.

Während alle in einzelnen Trupps über unbekannte Pfade zurückwichen, ritt der Kaiser inmitten furchtbaren Schreckens allmählich über die Mengen von Leichen hinweg und flüchtete ...

Als die Dämmerung hereinbrach, fiel mitten unter den einfachen Soldaten der Kaiser, tödlich verwundet durch einen Pfeilschuß, wie man vermutet, denn niemand könnte behaupten, es gesehen zu haben oder dabeigewesen zu sein. Bald gab er seinen Geist auf und starb, wurde aber später nirgends gefunden.«[7]

Wie man sieht, war der Krieg auch im Altertum grausam, brutal, barbarisch. Ob er mit Bomben, Granaten und mit Maschinengewehren oder mit Schwertern und Speeren geführt wurde, den Sterbenden war und ist es gleich.

Die Einnahme Adrianopels durch die Westgoten mißlang, ebenso der Versuch, nach Konstantinopel vorzustoßen. Die Hauptstadt wurde von Domnica, der Witwe Kaiser Valens', mit arabischen Hilfstruppen erfolgreich verteidigt. Gotische Söldner in römischen Diensten wurden nach der Niederlage bei Adrianopel in Kleinasien ermordet.

Wie nach dem Tode Julians wurden wieder Stimmen laut, die Niederlage bedeutet das nahende Ende Roms. So sah es jedenfalls der Kirchenhistoriker Rufinus von Aquileia (um 345 – 410/411): Diese Schlacht war der Beginn des Übels für das Römische Imperium damals und für spätere Zeit.[8]

In dieser Situation rief Kaiser Gratian den erfahrenen Heerführer Theodosius aus Spanien herbei und ernannte ihn im Jahre 379 zum Kaiser für die Donauprovinzen und den Osten. Theodosius gelang es, einen Teil der mit den Westgoten verbündeten Scharen für sich zu gewinnen und Konstantinopel zu sichern. Sein Heermeister Modares war auch ein Gote und kannte sich daher in der gotischen Kampfesweise gut aus. Im Jahr 382 schloß Theodosius mit den Westgoten einen Friedensvertrag, in dem sie als Föderaten Roms anerkannt wurden und auf dem Balkan Siedlungsland erhielten. Im Gegensatz zu 376 wurden sie keine abgabepflichtigen Bauern, sondern lebten in ihren eigenen Verbänden unter eigenen Anführern. Sie erhielten von Rom jährliche Getreidelieferungen und verpflichteten sich zur Heeresfolge für den Kaiser. Neu war an diesem Vertrag, daß zum ersten Mal ein ganzer Stammesverband innerhalb der Grenzen des Reiches aufgenommen wurde und die Westgoten als freie Grundbesitzer und Krieger den Föderatenstatus erhielten. Sie urteilten auch in Streitfällen nach eigenen rechtlichen Normen. Im Kriegs-

Kaiser Theodosius mit Hofstaat in der Zirkusloge

fall folgten sie westgotischen Heerführern und erkannten den Kaiser nur als »obersten Kriegsherrn« an.

Dieser Föderatenvertrag galt als Muster für spätere ähnliche Verträge mit germanischen Stämmen oder Stammesverbänden auf römischem Reichsboden. Langfristig jedoch, als sich in den Gebieten der Föderaten germanische Königreiche bildeten, wurde dadurch vor allem die weströmische Zentralgewalt entscheidend geschwächt, bis im Jahr 476 germanische Föderaten den letzten weströmischen Kaiser Romulus August(ul)us absetzten und damit das weströmische Kaisertum sein Ende fand.

In der zweiten Hälfte des 4. Jahrhunderts bestand der Senatsadel in der spätrömischen Gesellschaft aus mehreren Rangstufen. Er differenzierte sich, und die Privilegien, die früher alle Senatoren genossen, gingen auf die höchsten Vertreter des Senatsadels über. Trotz der Verarmung einzelner senatorischer Familien, die ihr

Vermögen durch Majestätsprozesse, Usurpationen und in Volksbewegungen verloren hatten, bildete die Senatsaristokratie nach wie vor die Standesorganisation der reichen Großgrundbesitzer, die oft zugleich auch mächtige Beamte waren, ihren Großgrundbesitz erweiterten und ganze Dörfer zwangen, sich in ihren »Schutz« zu stellen. Majestätsprozesse wurden von Kaisern ge führt, um jegliche Opposition unter den Führungsschichten rigoros und im Keim zu unterdrücken. Jeder leiseste Zweifel an der Erhabenheit des Kaisers, an der kaiserlichen Majestät wurde ver-

Missorium des Kaisers Theodosius I. von 388 aus Almendralejo (Spanien), Durchmesser 74 cm, Silber

Münzporträt Theodosius I.

folgt. Spitzel- und Denunziantentum blühten. Die Grundsätze des Kriminalverfahrens waren in den Majestätsprozessen aufgehoben. Auch von Sklaven waren Anzeigen zulässig. Solche Prozesse endeten mindestens mit der Verbannung, fast immer aber mit der Todesstrafe.

Städtische Oberschichten verloren in weiten Teilen des Reichs ihre Bedeutung. Sie verarmten und suchten ihr Heil in der Flucht aus den Städten. Aber da sie auch für die Steuereintreibung auf dem Lande verantwortlich waren, sah die Landbevölkerung in ihnen gefürchtete Unterdrücker.

Am Ende des 4. Jahrhunderts war die Bindung der abgabepflichtigen Bauern, der Kolonen, wie man sie nannte, an den Boden im Reich abgeschlossen. Sie galten als »Sklaven des Bodens«, und die wirtschaftliche und soziale Annäherung der Kolonen an die Sklaven machte weitere Fortschritte.

Die Sklaverei verlor an wirtschaftlicher Bedeutung, an ihre Stelle war zunehmend der spätantike Kolonat getreten. Dennoch war sie immer noch ein Bestandteil der sozialen Ordnung. Zwar wurden viele Sklaven freigelassen, aber von einer allgemeinen Abschaffung der Sklaverei war nicht die Rede.

Die spätantike Mittelmeerwelt basierte wie die in der klassischen Antike wirtschaftlich vor allem auf der Landwirtschaft. Die weit verbreiteten Wein-, Obst-, Gemüse- und Olivenkulturen sowie auch die Bienen- und Fischzucht erforderten komplizierte Methoden des Anbaus und der Pflege. Der Getreideanbau war mit keinen wesentlichen Neuerungen verbunden. Der schollenwendende Pflug war zwar örtlich in Gebrauch, daneben gab es aber auch weiterhin den einfachen altertümlichen Hakenpflug, der den Boden nur aufritzte. Zugtiere waren im wesentlichen Ochsen. Pferde wurden erst etwa seit dem 9./10. Jahrhundert dazu verwendet, als das Brustgeschirr der Pferde, das Kummet, erfunden war und das bis dahin übliche Halsgeschirr ersetzte.

Das Alltagsleben der Spätantike war sozial äußerst widersprüchlich. Zu ihm gehörten am Kaiserhof Intrigen, Denunziationen, sklavisches Kriechertum, Ausschweifungen, Liebesaffären und eine höfische Etikette mit meist erschreckend geringem geistigen Niveau.

Für die meisten Menschen, namentlich aus den unteren Schichten, gab es nicht viele Möglichkeiten sozialer Aktivität. Sie konnten in religiösen Vereinen zusammenkommen und taten das auch. Familiäres Leben spielte eine besondere Rolle. Doch Unterordnung unter dem Mann war erste Frauenpflicht. Wie schrieb schon Paulus im 1. Korintherbrief? »Der Mann aber ist des Weibes Haupt« (11, 3), »Der Mann ist Gottes Bild und Ehre, das Weib aber ist des Mannes Ehre. Denn der Mann ist nicht vom Weibe, sondern das Weib ist vom Manne. Und der Mann ist nicht geschaffen um des Weibes willen, sondern das Weib um des Mannes willen. Darum soll das Weib eine Macht auf dem Haupt haben, um der Engel willen« (11, 7 – 10). Genauer konnte man es nicht formulieren.

Der Verfasser des 1. Timotheusbriefes bestimmt den Platz der Frau in der Gemeinde: »So will ich nun, daß die Männer beten an allen Orten und aufheben heilige Hände ohne Zorn und Zweifel. Desgleichen daß die Weiber in zierlichem Kleide mit Scham und Zucht sich schmücken, nicht mit Zöpfen oder Gold oder Perlen oder köstlichem Gewand, sondern, wie sich's ziemt den Weibern, die da Gottseligkeit beweisen wollen, durch gute Werke. Ein Weib lerne in der Stille mit aller Untertänigkeit. Einem Weibe aber gestatte ich nicht, daß sie lehre, auch nicht, daß sie des Mannes Herr sei, sondern stille sei« (2, 8 – 12).

Der christliche Lehrer Clemens von Alexandria (um 150 – vor 215) sorgte sich in seinen »Lebensregeln« (Paidagogos) um das Familienleben der Frauen: »Es sollen auch nicht die Frauen von den körperlichen Übungen ausgeschlossen werden. Allerdings soll man sie nicht zum Ringkampf oder zum Wettlauf ermuntern. Ihr Übungsplatz sei vielmehr Spinnen, Weben und Kochen, wenn es nötig ist. Mit eigener Kraft sollen sie aus der Speisekammer das herbeitragen, was wir Männer brauchen. An der Mühle zu arbeiten, soll für sie auch nicht abträglich sein. Ebenso ist es keine Schande für die häusliche Ehefrau und Gehilfin, wenn sie sich um das Kochen und Braten kümmert, damit sich der Mann wohlfühlt. Wenn sie auch selbst das Lager aufschüttelt und dem durstigen Ehemann Getränke reicht und das Essen aufträgt, hat sie in der Tat ein sehr ehrbares körperliches Training für ihre Gesundheit. Eine solche Frau findet bei Christus Billigung« (3, 49, 2 – 6).

Es ist jammerschade, daß wir keine frühchristlichen Schriften aus weiblicher Feder besitzen.

Probleme der Kinder- und Jugenderziehung von damals erscheinen uns recht vertraut, wie sich christliche Lehrer um sie sorgen. Bischof Johannes Chrysostomos, von dem an späterer Stelle noch öfters die Rede sein wird, klagt in seiner Predigt über den im Neuen Testament enthaltenen Kolosserbrief: »Heute bevorzugen eure Kinder satanische Lieder und Tänze wie die Köche, Fischverkäufer und Tänzerinnen; keiner aber kennt einen Psalm, vielmehr glaubt man, sich dieser schämen zu müssen« (9, 2).

In seiner Predigt über das Matthäusevangelium ärgert sich der gleiche Kirchenvater: »Der größte Teil unserer Jugend ist so voll wilder Begierden. So springen sie, so schlagen sie aus. So laufen sie zügellos umher. Keine der Pflichten betreiben sie mit dem nötigen Ernst. Schuld aber daran sind die Väter. Ihre Pferde lassen sie von den Knechten mit großer Sorgfalt dressieren. Die Fohlen bleiben gewöhnlich nicht ohne Zucht, sondern ihnen wird von Anfang an Zaum oder Ähnliches angelegt. Bei ihren Söhnen dagegen sehen die Väter darüber hinweg, wenn sie ungezäumt herumlaufen und keine Vernunft haben, in Unzucht, Würfelspiel und gottlosen Theatervorführungen sich entehren ... Denn alles hat die Liebe zum Geld zugrunde gerichtet und zerstört. Die rechte Gottesfurcht ist dadurch verdrängt. Wie ein Tyrann die Burg, so hat die Geldgier die Seelen der Menschen besetzt. Deshalb auch vernachlässigen wir unser und unsere Kinder Heil und achten nur auf das eine, wie wir wohlhabender werden, Reichtum vererben ... So sind wir Begleiter unseres Besitzes und Geldes, nicht aber die Herren. So ist der Unverstand groß. So sind die Freien entehrter als die Sklaven. Wenn wir die Sklaven auch nicht ihretwegen tadeln, so doch unsertwegen. Die Kinder aber genießen nicht die gleiche Fürsorge, sondern sie werden von uns geringer als die Sklaven bewertet. Was rede ich von den Sklaven? Die Kinder sind ja auch weniger geachtet als das Vieh. Auf Esel und Pferde wird mehr Sorge verwandt als auf die Kinder. Wer einen Maulesel besitzt, sorgt dafür, daß er einen guten Eseltreiber findet, keinen Ungeschickten, Dieb, Trinker oder Unerfahrenen. Wenn aber der Seele eines Kindes ein Erzieher gegeben werden soll, nehmen wir einfach den ersten besten« (60, 7).

Einen Einblick in das Alltagsleben gewähren uns die Ausgrabungen und das Fundmaterial. Über die Kultur der Reichen und Wohlhabenden sind wir am besten informiert. Da gibt es herrliche Fußbodenmosaiken und Wandmalereien in den Herrenhäusern und Villen der Gutsbesitzer auf dem Lande. Sie kennzeichnen einen geschulten Geschmackssinn einer zahlmäßig kleinen sozialen Gruppe. Diese besaß kostbare Gefäße aus Gold und Silber, Schatullen aus Elfenbein und reich verzierten Schmuck.

Demgegenüber sind wir nicht in der Lage, ein genaueres Bild über die häuslichen Verhältnisse der Tagelöhner, Handwerker, Kleinhändler und Kleinbauern zu vermitteln. Nach bisherigen Kenntnissen lebte die Mehrheit dieser Schichten in ärmlichen Verhältnissen. Man betrieb Ackerbau und Viehzucht. In freigelegten Siedlungen wurden Pflugschare, Sensen, Sicheln und Viehglocken gefunden. Diese Menschen lebten in Lehmhütten oder in einfachen kleinen steinernen Häusern. Diese bestanden meist nur aus einem Raum und waren nur mit den wichtigsten Gegenständen des täglichen Bedarfs ausgestattet. Wegen der zunehmenden Unsicherheit befestigte man auch viele kleinere Ortschaften. Zuweilen wohnten ihre Siedler in Hütten, die mitten in noch ste-

Ambrosius von Mailand,
Mosaik in der Kapelle San Vittore in Ciel d'Oro

henden Mauerresten älterer Siedlungsperioden erbaut waren. Einfache Keramik wurde darin gefunden, Tonlampen, Spinnwirtel, Webgewichte und häufig eine Handmühle. Das weibliche Hausgesinde mahlte das Korn und richtete die Speisen her. Es spann die Wolle und webte daraus die Kleidung.

Bischof Ambrosius von Mailand sprach in seiner erhaltenen Predigt über Naboth den Armen aus dem Herzen, wenn er sich gegen den Egoismus der Reichen richtete: »Wie weit wollt ihr Reichen eure törichten Gelübde treiben? Wollt ihr allein die Erde bewohnen? Warum verstoßt ihr den, der die gleiche Natur hat wie ihr? Warum nehmt ihr den Besitz eures Mitmenschen in Anspruch? Die Erde ist für alle gemeinsam da, für die Reichen und für die Armen. Oh ihr Reichen, warum maßt ihr euch allein das Recht auf Eigentum an? Die Natur kennt keine Reichen. Sie bringt alle gleich arm zur Welt. Nicht mit Kleidern, nicht mit Gold und Silber werden wir doch geboren. Nackt bringt uns doch die Erde hervor, ohne Kleider, ohne Nahrung, ohne Trank. Nackt nimmt uns auch die Erde wieder auf« (1, 2).

Schwer hatten es besonders die Sklaven. Sie galten von vornherein als unehrenhaft, entartet und gering. Vor Gericht sah man Aussagen von Freien im Unterschied zu Aussagen von Sklaven schon deshalb als beweiskräftig an, weil ihr Stand der Freiheit es ihnen erlaube, die Wahrheit zu sagen. Rechtfertigungen von Sklaven wurden als unsicher, unzuverlässig und unannehmbar zurückgewiesen. Sklavenmarken und Sklavenhalsbänder sind aus dieser Zeit erhalten, die von solchen Sklaven getragen werden mußten, mit deren Flucht man rechnete.

Sklaven galten allgemein als undankbar, frech, starrköpfig und schwer lenkbar. Sie wären voll Widerspruchsgeist gegen ihre Herren, würden lügen, betrügen, stehlen und jede Gelegenheit nützen, um die Arbeit zu schwänzen. Sklaven wurden im Zusammenhang mit Mördern, Räubern, Grabschändern genannt. Einige Kirchenväter führten die »Laster« der Sklaven aber nicht auf eine natürliche Veranlagung, auf fehlende Weisheit und Mangel an Vernunft zurück, sondern auf das soziale Milieu, das diese unglücklichen Menschen erst zu Sklaven gemacht habe. Es käme darauf an, daß der christliche Sklave seine soziale Lage nicht als drückende Last, sondern als eine freiwillig übernommene und notwendige Dienstleistung ansehe. Nach dem Verständnis mancher christlicher Bischöfe sollte sich die Sklaverei in ein gewöhnliches Dienst- und Abhängigkeitsverhältnis verändern, wie es auch unter Freien üblich wäre. Sie wollten die Sklaverei keineswegs aufgehoben wissen, jedoch ihren Charakter verändern. Fleiß und Treue sollte sie auszeichnen und gute Arbeit. Allerdings konnten durch solche Aufrufe die alltäglichen sozialen Widersprüche, unter denen Sklaven wie Tagelöhner und Pachtbauern zu leiden hatten, nicht beseitigt werden.

Im 4. Jahrhundert deuteten einige radikale christliche Gruppen die Paulusworte im Galaterbrief 3, 28 »Hier ist keiner Sklave oder Freier«, so daß die darin enthaltene Gleichheitsproklamation schon im diesseitigen Leben zu verwirklichen sei. Es wurden Forderungen erhoben, die Sklaverei als eine widernatürliche und widergöttliche Einrichtung anzusehen. Aber diese kritischen Stimmen kamen aus dem Osten des Römischen Reiches, wo die Sklaverei – außer in einigen Großstädten – niemals die soziale Grundlage gebildet hatte. Anders war es im Westteil des Reiches. Dort gab es Gebiete, in denen sie eine größere Rolle im wirtschaftlichen und sozialen Leben spielte. Bei Kirchenfürsten aus diesen Territorien sucht man daher auch solche kritischen Stimmen zur Sklaverei vergebens.

Die christliche Kirche gewann in der zweiten Hälfte des 4. Jahrhunderts rasch an Macht und Einfluß. Rückschläge, die sie in der Regierungszeit Julians hinnehmen mußte, wurden schnell überwunden. Zahlreiche Adlige in den Provinzen traten in den Dienst der Kirche und wurden Bischöfe. Am Ende des Jahrhunderts konnte Ambrosius, Bischof von Mailand sogar Kaiser Theodosius, der gewiß kein Schwächling auf dem Thron war, nachdrücklich daran erinnern, daß sich auch ein Kaiser der Kirche unterordnen müsse. Aber die Kirche war in Zwistigkeiten und Glaubensstreitigkeiten gespalten. Die katholisch – orthodoxe Glaubensrichtung gewann die Oberhand. Römische Staatsgesinnung verlangte die Anerkennung der katholischen Religion. Je mehr sie an Einfluß gewann, um so unduldsamer wurde sie gegen Andersdenkende.

Im Jahr 381 wurde die katholische Kirche allein zugelassene Staatskirche. Die Einheit der Kirche wurde unter Druck und Gewalt hergestellt. Duldsamkeit und Toleranz, die die Kirche früher von den Kaisern für sich gefordert hatte, verweigerte sie nun den sogenannten Häretikern unter den Christen und den Anhängern der antiken Religionen.

Die Kirche besaß am Mailänder Kaiserhof in Bischof Ambrosius einen energischen, streitbaren und unduldsamen Vertreter. In der Kirche des ausgehenden 4. Jahrhunderts verfügte er über eine bedeutende Ausstrahlungskraft; der Bischof von Rom stand demgegenüber in jenen Jahren oft in seinem Schatten.

Im Jahr 339 in Trier geboren, stammte Ambrosius aus einer alten Adelsfamilie. Er trat in den Staatsdienst und wurde um das Jahr 370 Statthalter der Provinz Liguria et Aemilia in Norditalien mit der Residenz in Mailand. Als dort im Jahr 374 Bischof Auxentius starb, forderte ihn die christliche Gemeinde der Stadt zum Nachfolger des Bischofs. Der Kaiser stimmte zu, und so wurde er vom Statthalter zum Bischof. Dieser Vorgang kennzeichnet den hohen Wert des Bischofsamtes in jener Zeit. Übrigens war er zu diesem Zeitpunkt noch Katechumene, also noch nicht getauft, sondern Taufbewerber. Er ließ sich rasch taufen und wurde eine Woche darauf zum Bischof geweiht. Aber es kam auch vor, daß ein Jurist und Senator zum Bischof von Konstantinopel erhoben wurde, obwohl der Betreffende weder getauft, noch zum Priester geweiht war, wie es im Jahr 381 auf Weisung des Kaisers geschah.

Die Zunahme des kirchlichen Einflusses zeigt sich besonders im Verhältnis zwischen dem Kaiser Theodosius I. und dem Bischof Ambrosius. Zwischen Ambrosius und dem Kaiser kam es zu einigen schwerwiegenden Auseinandersetzungen, in denen sich letztlich der Kaiser unterordnen mußte. Christen hatten im Jahr 388 in der Ortschaft Kallinikon im syrischen Grenzgebiet am Euphrat die jüdische Synagoge in Brand gesteckt. Der Kaiser verurteilte die Schuldigen zum Schadenersatz. Dagegen wandte sich Ambrosius, der sich schützend vor die Brandstifter stellte. Er drohte mit der Verweigerung des Meßopfers in der Kirche, wenn der Kaiser die Verurteilung nicht zurücknehmen würde: »Was steht hier höher, der Begriff der Ordnung oder das Interesse der

Religion?«[9] Trotz der eklatanten Rechtsverletzung und Brandstiftung mußte Theodosius einlenken und nahm sein Urteil zurück.

Zu einem weiteren Zwischenfall kam es im Jahr 390. Theodosius hatte ein Gesetz gegen Homosexualität erlassen. Ein militärischer Befehlshaber auf dem Balkan ließ deshalb in Thessalonike einen in der städtischen Menge beliebten Wagenlenker festnehmen, da er dieses Deliktes wegen angeklagt war. Eine empörte Volksmenge zog zum Gefängnis und befreite ihn. Unter den Toten befand sich aber auch der genannte Heerführer. Theodosius reagierte rasch und gewiß auch unüberlegt. Als sich eine große Volksmenge in der Stadt bei einer Zirkusveranstaltung befand, ließ er dort die Menge von seinen Truppen niedermetzeln. Dabei sollen 7000 Menschen umgekommen sein. Ambrosius forderte den Kaiser brieflich (Brief 51) zur öffentlichen Kirchenbuße auf. Zum Weihnachtsfest 390 kam dieser der Aufforderung nach, brauchte er doch die Kirche zur Durchsetzung seiner innenpolitischen Ziele. Außerdem ordnete er an, daß künftig alle Bluturteile erst nach 30 Tagen vollstreckt werden sollten, um eine Rücknahme der Entscheidung zu ermöglichen.

Der Kampf aber gegen das Heidentum ging weiter. Im Jahr 383 ordnete Theodosius an, daß Zeugenaussagen ehemaliger Christen, die wieder zum Heidentum übergetreten waren, vor Gericht keine Gültigkeit haben sollten, und ihnen wurde das Erbrecht entzogen. Vergebens wandte sich der philosophisch gebildete, nicht christliche Rhetor Libanios, wohl der berühmteste Redner gegen Ende des 4. Jahrhunderts, im Jahr 390 mit einer besonderen Schrift »Zur Verteidigung der Tempel« an den Kaiser. »Welchen Vorteil hat man von einem Bekenntnis, das nur in Worten und nicht in Taten besteht? In solchen Fragen muß man überzeugen und nicht Zwang ausüben. Wenn man nicht zu überzeugen vermag, sondern Zwang gebraucht, richtet man nichts aus, auch wenn man selbst daran glaubt.«[10]

Theodosius ließ sich von diesen und anderen Ermahnungen nicht beeindrucken. Am 24. Februar 391 verbot ein Gesetz jedes Opfer, jeden Tempelbesuch und jegliche Anbetung von Götterbildern. Jede Form heidnischen Kultes wurde unter Strafe gestellt. Alle Tempel und ihre Besitzungen wurden zugunsten des

Staates enteignet. Die blutige Verfolgung der Heiden wurde zwar ausdrücklich untersagt, aber im östlichen Reichsteil, vor allem in Ägypten, hielt man sich nicht immer daran. Heiden wurden vom höheren Dienst in der Armee ausgeschlossen, höhere Beamtenstellen und Richterämter kamen für sie nicht mehr in Frage.

Im Jahr 394 wurden die Olympischen Spiele, die dem griechischen Gott Zeus geweiht waren, verboten. Im gleichen Jahr schloß man den Vestatempel in Rom. Das heilige Feuer im Tempel wurde gelöscht.

Damit endete eine mehr als tausendjährige Entwicklung. Alles, was Griechen und Römer und die anderen Völker der römischen Welt bisher unter einem Staat, von sozialer Kommunikation, von gut und böse, von einem Welt- und Menschenbild verstanden hatten, war nun in Frage gestellt. Gegen Christen und christliche Gemeinden, die von der orthodoxen – katholischen Lehre abwichen, wurden im Jahr 382 Inquisitoren vom Kaiser (nicht vom Bischof!) eingesetzt.

Die noch heidnischen Zeitgenossen sahen in dieser ganzen Entwicklung die Ursachen für schweres künftiges Unheil und den Vorboten des kommenden Untergangs des Reiches.

Und nun die Frauen. Hatte sich ihr Sozialprestige im 4. Jahrhundert etwa unter dem Einfluß des Christentums zum Besseren verändert? Man muß diese Frage verneinen. Das Christentum trug nicht unwesentlich zur weiteren Unterdrückung der Frauen bei. Einerseits verlangten sowohl das Alte Testament wie das Neue Testament die Unterordnung der Frau unter den Mann, andererseits sah man in ihr die fleischliche Verkörperung der Versuchung für den Mann, die schuldig war für die Vertreibung aus dem Paradies.

Die Frauen waren nach wie vor von allen öffentlichen Ämtern ausgeschlossen und standen unter einer ständigen Vormundschaft. Man unterschied schön zwischen ehrbaren und verworfenen Frauen, wie es in einer gesetzlichen Verfügung erhalten ist »Unter einer niedrigen und verworfenen Frau wollen wir keineswegs eine solche verstanden wissen, die, obwohl sie arm ist, doch von freigeborenen Eltern stammt. Demnach bestimmen wir, daß es den Senatoren und allen mit den höchsten Staatswürden bekleideten Männern freisteht, die Töchter freigeborener Eltern, wenn sie auch arm sind, zur Ehe zu nehmen, und daß zwischen freigeborenen Frauen und solchen Frauen, die durch Reichtum und Glück zu größerem Ansehen gelangt sind, kein Unterschied bestehen soll. Für niedrige und verworfene Personen erachten wir nur folgende Frauen: eine Sklavin, eine Tochter einer Sklavin, eine Freigelassene, eine Tochter einer Freigelassenen, eine Schauspielerin, eine Tochter einer Schauspielerin, eine Krämerin, eine Tochter einer Krämerin oder eines Hurenwirts oder eines Kämpfers (bei den öffentlichen Kampfspielen) oder eine solche, die öffentlich Waren feilgehalten hat. Es ist daher billig, den Senatoren die Ehe mit solchen Frauen, die wir oben aufgezählt haben, zu verbieten.«[11]

Was die Senatoren aber nicht davon abhielt, mit Sklavinnen und anderen Frauen der genannten Kreise Kinder zu zeugen, soviel sie Lust und Kraft dazu verspürten.

Diese Einstellung zu Frauen faßte der byzantinische Dichter Rufinos in folgende Verse:

Höher als Damen schätze ich Mädchen aus dienendem Stande;
gründlich mißfällt mir die Lust, die mich zur Heimlichkeit zwingt.
Denn die Damen duften nach Salben, sie schwelgen im Hochmut;
ständig lauert Gefahr, wenn man mit ihnen sich trifft.
Dienstmädchen bieten natürliche Anmut und zeigen sich willig,
sind auch nicht ständig erpicht auf ein recht teures Geschenk.
Pyrrhos, dem Sohn des Achilleus, folge ich:
Zog er doch seiner Gattin Hermione die Sklavin Andromache vor.[12]

AELIA GALLA PLACIDIA, DIE UMWORBENE KAISERTOCHTER

Als im Jahr 376 die Westgoten mit Erlaubnis des Kaisers Valens die Donau überquerten, befand sich Theodosius, der spätere Kaiser, in Spanien und kümmerte sich um seine dort liegenden Güter. In diesem Jahr heiratete der Neunundzwanzigjährige seine erste Gattin Aelia Flaccilla, die der spanisch – romanischen Oberschicht entstammte. Ein Jahr darauf wurde sein Sohn Arcadius, der spätere Kaiser Ostroms, geboren, und im Jahr 384 kam Honorius, der künftige Kaiser Westroms, zur Welt.

Obwohl schon früher Kaiserinnen ihren Gatten in das Feldlager begleiteten, erscheint erstmalig auf den Münzen die Kaiserin mit dem Feldherrenmantel bekleidet. Außerdem sieht man oberhalb des Kopfes eine Hand, die einen Kranz trägt, was bedeutet, daß die Kaiserin von Gott gekrönt sei.[13] Damit näherte sich in der offiziellen Bildpropaganda die Kaiserin mehr ihrem Gatten, von dem man erwartete, daß er von Gott ausgewählt sei. Aelia Flaccilla war eine gläubige Christin, von der man berichtete, sie habe sich ganz besonders der caritativen Pflege und Hilfe der Kranken und Siechen gewidmet.[14] Ihr politischer Einfluß auf ihren Gatten scheint nur begrenzt gewesen zu sein.

Nach zehnjähriger Ehe starb Aelia Flaccilla.

Mit einer anderen jungen Frau war Theodosius familiär eng verbunden. Es war Serena, die Tochter seines Bruders, der wie der zweite Sohn des Theodosius den Namen Honorius trug. Nach dem Tod seines Bruders nahm er seine Nichte in die Familie auf und hielt sie wie eine Tochter. Im Jahr 384 verheiratete er sie mit einem jungen, aufstrebenden, ehrgeizigen und fähigen Offizier vandalischer Abkunft, der bald das höchste Heermeisteramt im Reich innehaben sollte, Flavius Stilicho. Dessen Mutter war zwar

Münzporträt der Aelia Flaccilla

eine Römerin, aber seine Zeitgenossen sahen in ihm immer den Vandalen. 385 oder 386 wurde Serena und Stilicho die Tochter Maria geboren, darauf ihr Sohn Eucherius, später noch eine zweite Tochter Thermantia.

Serena war der besondere Liebling des Theodosius, sie begleitete ihren Onkel auf Reisen und betreute auch nach dem frühen Tode seiner zweiten Gattin, von der noch die Rede sein wird, seine Kinder. Als Theodosius am 17. Januar 395 starb, weilte sie bei ihm, begleitete den Leichenzug nach Konstantinopel, kehrte dann aber wieder nach Mailand zurück, wo sie auf ihren Vetter Honorius zeitweilig größeren Einfluß ausübte. Im Jahr 398 wurde sie außerdem Schwiegermutter von Honorius, denn er wurde mit Maria, der Tochter Serenas und Stilichos, verheiratet.

Ein Jahr nach dem Tode Aelia Flaccillas ging Theodosius im Jahr 387 mit Galla eine zweite Ehe ein. Sie war die Tochter der Kaiserin Iustina, der Witwe Valentinians I., Mutter des Kaisers Valentinians II. Sie gebar ihm im Jahr 389 Aelia Galla Placidia, eine künftige Kaiserin. Galla, die Mutter, war von schwacher gesundheitlicher Verfassung. Außerdem vertrug sich Arcadius, der von Theodosius als sein Sohn und Herrschaftsvertreter im Ostteil des Reiches ausersehen war, nicht mit seiner Stiefmutter. Aus gesundheitlichen Gründen konnte sie ihren Mann nicht auf seinen Reisen und Heerfahrten begleiten und war so in Konstantinopel der Mißgunst ihres Stiefsohns ausgesetzt. Häufig war sie schwanger, aber mit Ausnahme Galla Placidias starben ihre weiteren Kinder kurz nach der Geburt oder sie erlitt Fehlgeburten. Im Jahr 394 starb sie selbst im Kindbett.

Für kurze Zeit war die kaiserliche Familie in Konstantinopel nach der Beisetzung des Theodosius im konstantinischen Mausoleum wieder beisammen. Jung waren sie alle, Arcadius als Ältester war 18, Honorius 11 Jahre alt, dazwischen quirlte die etwa sechsjährige Galla Placidia. Mütterliche Pflichten nahm Serena wahr, damals um die 25, die Gattin Stilichos.

Arcadius hatte keine Lust, unter der Obhut Serenas stehen zu müssen, zumal Stilicho inzwischen von Arcadius als Feind gesehen wurde. Arcadius heiratete am 27. April 395 auf Anraten und Vermittlung seines einflußreichen Hofkämmerers Eutrop die Aelia Eudoxia, Tochter des Bauto, eines kriegserfahrenen romanisierten Heermeisters von fränkischer Abkunft und Schwester des weströmischen Heermeisters Arbogast. Von ihr wird in einem anderen Kapitel noch die Rede sein.

Im Jahr 396 kehrte Serena mit ihren Kindern und mit Galla Placidia nach dem Westen zu Honorius zurück. Galla Placidia verbrachte ihre Kindheit bei Serena und wurde von ihr erzogen. Dies entsprach auch dem letzten Willen ihres Vaters. Honorius, eine absolute Null als Kaiser, blieb ein unselbständiges Kind sein Leben lang. In militärischen Belangen »regierte« für ihn Stilicho, in seinem Haushalt Serena. Stilicho suchte seine militärischen Befugnisse als Oberbefehlshaber auch auf das Ostreich zu übertragen. Das gelang ihm nicht und trug ihm die Feindschaft des Arcadius und der führenden Hofkamarilla von Konstantinopel ein.

Die westgotischen Kontingente unter ihrem König Alarich, die im Jahr 394 Theodosius im Kampf gegen den Usurpator Eugenius unterstützt hatten, wurden von Stilicho nach dem Tode des Theodosius zu Arcadius zurückgesandt. Dort war man über die Ankunft der wilden Scharen gar nicht so erbaut, und mit List und Tücke suchte man die Goten wider Westen zu lenken; mochten sich Honorius und Stilicho mit ihnen herumschlagen. Arcadius

Nordfront der Porta Nigra, Trier

Elfenbeindiptychon des Stilicho mit Serena und Eucherius (linke Hälfte)

Elfenbeindiptychon des Stilichomit Serena und Eucherius (rechte Hälfte)

Relieffriese vom Konstantinsbogen, Rom

Kaiser Honorius mit Gattin Maria, Cameo

beorderte die Truppen des Ostreichs zurück, die Theodosius 394 mit in den Kampf gegen Eugenius geführt hatte; Stilicho gehorchte, verhielt sich loyal gegenüber der Dynastie, andererseits befand sich seine Familie, die er nicht aufs Spiel setzen wollte, noch in Konstantinopel. Militärisch bedeutete der Abzug der Truppen des Ostreichs eine wesentliche Schwächung Stilichos und die Preisgabe eines möglichen Sieges über Alarich, denn dieser konnte dadurch aus Thessalien entkommen, wo ihn Stilicho bereits zur Schlacht gestellt hatte.

Kaiser Arcadius, Goldmünzen

In den Jahren zwischen 396 und 401 verheerte Alarich mit seinen Goten Griechenland. Weite Gebiete Mittel- und Südgriechenlands wurden verwüstet. Im Jahr 397 führte Stilicho einen weiteren Feldzug gegen die Westgoten, aber Alarich konnte zum Epirus entkommen. Stilicho kehrte nach Italien zurück.

Stilicho hatte auch innenpolitische Pläne. Durch Heiratspolitik suchte er sich eng mit Honorius zu verbinden, um damit insgesamt seine politische Stellung im Westreich zu festigen.

Galla Placidia wuchs inzwischen zu einem hübschen Mädchen heran. Theodosius hatte ihr schon als Kind den Titel einer »alleredelsten Jungfrau« (nobilissima puella) gegeben. Bald verdichteten sich Gerüchte, daß Stilicho eine spätere Heirat – zu einem geeigneten Zeitpunkt – von Galla Placidia mit seinem etwa zwei Jahre älteren Sohn Eucherius plante. Sie galten schon als so gut wie verlobt. Aber noch war es nicht so weit. Als Honorius im Jahr 398 vierzehn Jahre alt war, wurde er erst einmal von Stilicho mit seiner Tochter Maria verheiratet. Als Maria Anfang des Jahres 408 starb, beeilten sich Stilicho und Serena, Honorius mit ihrer zweiten Tochter Thermantia zu verehelichen.

Aber inzwischen begann sich für Westrom die politische Großwetterlage wieder ungünstig zu verändern. Im Jahr 401 zogen Alarich und seine Goten erneut gen Italien, wohlwollend

Kopf des Kaisers Arcadius

Münzporträt des Honorius

dazu ermuntert von Arcadius und seinen Höflingen. Stilicho befand sich zu dieser Zeit nördlich der Alpen im Kampf gegen eingedrungene Vandalen und Alanen. Heeresverbände mußten von der gallischen Rheingrenze und aus Britannien abgezogen werden, um Italien vor Alarich zu schützen. Honorius und sein Hof gerieten in Panik, als die Goten Mailand – zwar ergebnislos – belagerten und norditalische Landschaften verheerten. Die Mauern Roms wurden repariert, um einer möglichen Belagerung standhalten zu können. Jedoch kehrte Stilicho rechtzeitig mit Truppen nach Italien zurück. Am 6. April 402 kam es bei Pollentia in Ligurien zu einer unentschiedenen Schlacht, aber in zwei weiteren Treffen wurde Alarich geschlagen, mußte aus Italien weichen und zog sich nach Illyricum zurück. Der Kaiserhof verließ Mailand und nahm in Ravenna seine Residenz, das wegen der umliegenden Sümpfe und der Küstenlage am Adriatischen Meer besser zu verteidigen war. Am 1. Januar 404 begingen der Kaiser und Stilicho in der Stadt Rom anläßlich des sechsten Konsulatsantritts des Honorius eine Feier des Triumphs über die Westgoten. Serena, ihr Sohn Eucherius, die Kaiserin Maria und Galla Placidia nahmen daran teil. Wie einst bei Kaiser Konstantin I. nach seinem Sieg 312 über Maxentius ging der Zug von der Milvischen Brücke bei Rom durch die Porta Flaminia, die via Lata entlang zum Palatin, wo der Hof dann in den folgenden Tagen im alten Kaiserpalast residierte. Galla Placidia, damals etwa 15 Jahre alt, stand in jenen Jahren mehr im Schatten Stilichos und Serenas. Es ist aber nicht überliefert, daß sie sich nach einem Leben in christlicher Jungfräulichkeit und klösterlicher Abgeschiedenheit sehnte.

Im Jahr 405 kam es zu einem neuen Angriff gotischer Verbände unter ihrem König Radagaisus in Italien. Stilicho bekämpfte ihn erfolgreich mit hunnischer und alanischer Hilfe, auch gotische Krieger mit ihrem Anführer Sarus, einem Gegner Alarichs, unterstützten Stilicho. Den Ernst der militärischen Situation kennzeichnet ein von Stilicho gefordertes und von Honorius erlassenes Gesetz vom 17. April 406, wonach alle Sklaven, die sich nach dem Einfall des Radagaisus freiwillig zum Kriegsdienst meldeten, freigelassen werden sollten.[15] In einer Schlacht bei Faesulae in Etrurien wurde Radagaisus besiegt und am 23. August 406 hingerichtet. Ein großer Teil der Kriegsgefangenen wurde versklavt, so daß der Sklavenpreis sank; ein anderer Teil wurde von Stilicho in sein Heer aufgenommen.

Im Winter von 406 zu 407 kam es zu einem Einbruch vorwiegend germanischer Völker über den Rhein nach Gallien. Hasdingische und silingische Vandalen, Alanen und Sueben überquerten den Fluß; fränkischen Föderaten Roms gelang es nicht, sie zurückzuhalten. Nun rächte es sich, daß Stilicho Truppen von der Rheingrenze abziehen mußte, um Alarich aus Italien zu vertreiben. Der Einbruch konnte nicht mehr rückgängig gemacht werden. Mainz, Worms, Reims und Trier wurden geplündert. Nachfolgend setzten sich die Burgunder in der Rheinpfalz um Worms fest.

Indessen hatten sich die Spannungen zwischen Konstantinopel und Ravenna verschärft. Man stritt sich um Illyricum (im ehemaligen Jugoslawien), beide Seiten erhoben darauf Anspruch. Mit diplomatischem Geschick hatte Stilicho Alarich für sich gewonnen, um mit seinen Truppen Illyricum für Westrom zu verteidigen. Eine Usurpation in Britannien unter Constantin III. (407 – 411) griff nach Gallien über. Die Schwäche der weströmischen Zentralgewalt nutzten in mehreren Teilen Galliens mit der römischen Macht unzufriedene aufständische Bauern und Landarbeiter, die sich in einer machtvollen Volksbewegung der Bagauden zeitweilig vom römischen Staat lösten.

Da Stilicho wegen der Probleme in Gallien den geplanten Zug gegen das Ostreich nicht durchführen konnte, zog Alarich nach Noricum (Teil des heutigen Österreichs) und forderte von Honorius als Ersatz für seine Kosten der Vorbereitung des Feldzuges 4000 Pfund Gold. Honorius' Kasse war leer, und die Angelegenheit kam vor den römischen Senat. Nach Murren, Jammern und Wehklagen stimmte der Senat der Forderung Alarichs zu, obwohl die betreffende Summe gerade das Jahreseinkommen eines einzelnen römischen senatorischen Großgrundbesitzers ausmachte.

Am 1. Mai 408 starb Kaiser Arcadius; er hinterließ drei Töchter und einen sieben Jahre alten Sohn: Theodosius II. In Ravenna kam es zu folgenschweren Streitigkeiten zwischen Honorius und Stilicho. Beide wollten nach Osten ziehen, um die Vormundschaft über den Kinderkaiser zu übernehmen. Stilicho suchte seinen militärischen Oberbefehl auf das Heer des Ostreichs auszudehnen. In dieser Situation überschätzte Stilicho seinen Einfluß auf Honorius. Dieser gab zwar verärgert nach, aber die Verärgerung nutzten germanenfeindliche Kreise am Hofe, deren Haupt der Kanzler (magister officiorum) Olympius war, um den Kaiser auf ihre Seite zu ziehen. Der antigermanischen Gruppierung war es gelungen, das Heer von Stilicho abzuwenden. Während einer Musterung der Truppen durch den Kaiser im Feldlager bei Pavia kam es am 13. August 408 zur Rebellion. Stilicho befand sich gerade in Bologna. Freunde Stilichos und seine Leibwache wurden umgebracht. Der Kaiser machte mit den Aufrührern gemeinsame Sache. Stilicho suchte sich in Ravenna in Sicherheit zu bringen, aber auch das Asyl in einer Kirche half ihm nichts. Ein Offizier, Heraclianus, der dafür später Militärbefehlshaber von Afrika wurde, erschlug ihn am 22. August 408. Stilichos Sohn Eucherius, der nach Rom geflohen war, wurde dort getötet. Das in Italien stationierte weströmische Heer löste sich zeitweilig auf, 30 000 germanische Krieger desertierten und flohen zu Alarich.

Die germanenfeindliche Strömung am Kaiserhof triumphierte. In den nächsten Jahrzehnten holte man sich lieber hunnische Söldner. Bis in die 50er Jahre des Jahrhunderts stand kein Ger-

Kaiser Theodosius II., Goldmünze

mane mehr an der Spitze der weströmischen Streitkräfte. Honorius sandte seine Gattin Thermantia, die Tochter Stilichos, zu Serena zurück. Von allen vergessen starb sie in Rom im Jahr 415.

Während sich das Verhältnis zwischen Ost- und Westrom nach der Ermordung Stilichos entspannte, nutzte Alarich die sich ihm bietende Chance, die sich nach dem Tod seines größten Widersachers ergeben hatte, und drang mit seinem Heer in Italien ein. In völliger Verkennung der Lage lehnte Honorius ein Friedensangebot des Alarich ab, der darauf im Dezember 408 die Stadt Rom belagerte. Die von Stilicho noch reparierten Mauern hielten stand, aber in der Stadt herrschte das Chaos. Die städtische Ordnung brach zusammen. In Rom befand sich außer Serena und ihrer Tochter Thermantia auch Galla Placidia, zu der Zeit etwa 19 Jahre alt, als sich eine schreckliche Familientragödie abspielte.

In seiner Kopflosigkeit glaubte die Mehrheit des römischen Senats Gerüchten, wonach angeblich Serena Alarich nach Rom gerufen habe, um sich damit wegen des Mordes an ihrem Mann und an ihrem Sohn zu rächen. Der Senat verurteilte Serena zum Tode durch Strangulierung. Galla Placidia, in Rom offiziell als Schwester des Kaisers Repräsentantin der kaiserlichen Macht, tat nichts, um Serena, die sie aufgezogen hatte, zu retten; im Gegenteil:

Porta San Sebastiano in Rom,
ein festungsartiger Torbau der römischen Stadtmauer

Sie war an diesem Vorhaben beteiligt und stimmte der Resolution des Senats zu.

Es ist unwahrscheinlich, daß Galla Placidia das unsinnige Gerücht glaubte. Serena hatte nach dem Tod des Arcadius ihrem Mann abgeraten, sich derart aggressiv gegen Ostrom zu engagieren. Weshalb sich Galla Placidia dennoch so entschied, darüber gibt es nur Vermutungen. Sie könnte geglaubt haben, im Sinne ihres Bruders Honorius zu handeln und kaiserliche Autorität über familiäre Bande zu stellen; auch könnte ihr Ärger über die von Stilicho geplante Heirat mit dem ungeliebten Eucherius sie zu ihrer Haltung veranlaßt haben. Möglich ist auch, daß sie einen Blick auf das persönliche Vermögen Serenas geworfen hatte – Stilichos Güter waren bereits beschlagnahmt worden –, das ihr Kaiser Theodosius I. vermacht hatte. Man kann auch annehmen, daß Serena früher gegenüber der Kaisertochter eine strenge Zucht geübt hatte, so daß die Bindungen nicht sehr herzlich gewesen waren. Im Senat schließlich gab es noch viele Mitglieder, die erst in letzter Zeit zum Christentum übergetreten waren und insgeheim noch zu den traditionellen römischen Göttern hielten. Diese Senatoren waren gegen Serena eingenommen, weil sie als eine orthodoxe Christin im Jahr 394 eine Statue der Göttin Rhea Silvia, der mythischen Stammutter der Römer, die im Kult der Vestalinnen eine große Rolle spielte, verstümmelt hatte. Wie dem auch sei, ein Menschenleben spielte in der kaiserlichen Politik nie eine besondere Rolle; Intrigen standen auf der Tagesordnung, und Galla Placidia glaubte einfach, der Staatsraison Rechnung tragen zu müssen.

Für die Aufhebung der Belagerung forderte Alarich 5000 Pfund Gold, 30 000 Pfund Silber, 4000 seidene Gewänder, 3000 Pfund Pfeffer und 3000 purpurgefärbte Pergamente. Er bekam, was er wollte. Etwa 40 000 Sklaven aus der Stadt und ihrer Umgebung, meist waren es versklavte Stammesgenossen des Alarich, gingen zu ihm über.

Im Verlauf des Jahres 409 stieß Alarichs Schwager Athaulf mit Truppen, die nach dem Einmarsch Alarichs in Italien noch in Pannonien verblieben waren, zu Alarich und verstärkte damit das westgotische Heer. Verhandlungen mit Honorius über einen Friedensvertrag schleppten sich dahin. Schließlich riß Alarich der Geduldsfaden, und Ende 409 erschien er mit seinen Kriegern erneut vor Rom. Er setzte den Senat wieder unter Druck, sperrte die Lebensmittelzufuhr und verlangte, daß der Senat den heidnischen Stadtpräfekten Priscus Attalus zum Gegenkaiser ernannte. So geschah es auch. Priscus Attalus erhob Alarich zum Heermeister, damit erhielt er das Amt, das ihm Honorius bislang verweigert hatte.

Galla Placidia war in Rom geblieben. Sie war nicht vor dem Anrücken der Goten aus der Stadt geflohen, wie viele adlige Familien es getan hatten. Wir wissen nicht, was in ihr vorging und wie ihr zumute war.

Indessen hatte Alarich den Gegenkaiser im Sommer 410 wieder abgesetzt, weil er sich nicht so gefügig zeigte, wie Alarich es wünschte. Die Verhandlungen mit Honorius kamen auch nicht voran, und so entschloß sich Alarich zu einer dritten Belagerung Roms. Anfang August erschien er vor der Stadt, und am 24. August 410 zog er durch die Porta Salaria in sie ein. Es heißt, daß gotische Sklaven ihm das Tor geöffnet hätten. Auch die christliche Senatorin Faltonia Proba stand im Verdacht, es getan zu haben, um der Stadt Hungersnot und weitere Belagerung zu ersparen. Drei Tage wurde Rom heimgesucht; einige Paläste in der Stadt gingen in Flammen auf, andere wurden geplündert. Die Kirchen von St. Peter und Paulus wurden verschont und waren Zufluchtsorte der Bewohner. Am 27. August verließen die Goten die Stadt und nahmen eine große Menge an Beute mit. Darunter befand sich auch die Kaisertochter und -schwester Galla Placidia. Sie war nun eine Geisel Alarichs, wurde entsprechend ihrem Rang behandelt und zog mit dem gotischen Heer nach Süden mit.

Es war eine Zeit, von der der oströmische Historiker Zosimos (zweite Hälfte 5. Jh.) schrieb, das Reich sei eine Wohnstätte der Barbaren geworden.[16] Orientius (frühes 5. Jh.) klagte über die Lage in Gallien: »Ganz Gallien rauchte wie ein riesiger Scheiterhaufen.«[17] Hieronymus schilderte die Situation: »Unzählige und allerwildeste Völker haben ganz Gallien besetzt. Was zwischen Alpen und Pyrenäen liegt, was vom Ozean und Rhein eingeschlossen wird, haben Quaden, Vandalen, Sarmaten, Alanen, Gepiden, Heruler, Sachsen, Burgunder, Alamannen und Pannonier verwüstet. Von außen wütet das Schwert, von innen der Hunger. Selbst Spanien zittert schon vor dem ihm drohenden Untergang.«[18] Und er fragte bangend: »Wenn Rom untergeht, was gibt es dann noch Sicheres?«

Als die Stadt dann in die Hände der Westgoten fiel, brachte Hieronymus die Stimmung der römischen Aristokraten und Gebildeten zum Ausdruck, als er schrieb: »Erobert wird die Stadt, die den ganzen Erdkreis eroberte.«[19] »Wehe, der Erdkreis bricht zusammen.«[20] »Wer wollte es glauben, daß das auf Triumph über den ganzen Erdkreis gegründete Rom zusammenbrach, ... daß alle Gestade des Orients, Ägyptens und Afrikas mit Scharen von Sklaven und Sklavinnen der vormaligen Weltherrin angefüllt wurden? Daß das heilige Bethlehem täglich ehemals vornehme und reiche Leute beider Geschlechter als Bettler in seinen Mauern sah?«[21] Die Eroberung Roms durch die Westgoten nahm zwei Jahre später Augustin, Bischof von Hippo in Numidien, zum Anlaß, um die Arbeit an seinem bedeutenden theoretischen Werk „De civitate Dei" (Über den Gottesstaat) zu beginnen, in dem er der Vorstellung entgegentrat, wonach das Christentum wegen der Ablehnung der heidnischen römischen Götter für die Eroberung Roms verantwortlich gemacht wurde. Augustin veranlaßte auch den aus Spanien stammenden Priester Orosius, die Einnahme Roms aus christlicher Sicht in einem Geschichtswerk zu erklären.

Kaiser Honorius schien das Schicksal Roms nicht interessiert zu haben. Als ihm die Nachricht übermittelt wurde, Roma sei dahin, jammerte er, weil er annahm, es handelte sich dabei um sein Lieblingshuhn gleichen Namens.

Alarich zogen die Reichtümer des römischen Nordafrikas an. Getreide, Öl, Wein gab es dort in Hülle und Fülle. Seine Goten hätten dort keine Versorgungsprobleme mehr gehabt. Auf dem Zug durch Süditalien nutzte man die gut erhaltenen römischen Straßen. Campanien wurde geplündert; wo das Heer durchzog, gab es keine Vorräte mehr. In Rhegium, an der Stiefelspitze Italiens, suchten die Goten Schiffe für das Übersetzen nach Afrika zusammenzubringen. Stürme verhinderten es. Alarich kehrte mit seinem Heer um und zog nordwärts die Küste entlang. Unerwartet starb er noch im Jahr 410 in der Nähe der bruttischen Stadt Consentia (Cosenza). Der etwa 140 Jahre später schreibende Historiker Jordanes überliefert, Alarich sei dort im abgeleiteten Bett des Flüßchens Busento bestattet worden.[22]

Ob Galla Placidia in dieser Zeit Verbindungen mit ihrem Bruder in Ravenna besaß, ob Alarich sie vor allem mitführte, um von den römischen Truppen nicht angegriffen zu werden, wissen wir nicht.

Alarichs Nachfolger im königlichen Amt wurde, da er keinen Sohn hatte, sein Schwager Athaulf. Von Athaulf wird berichtet, er sei intelligent und von ansehnlicher Gestalt gewesen. Es ist möglich, daß die Geisel Galla Placidia ihn mit anderen Augen als Alarich angeblickt hat. Jedenfalls begann sich Athaulfs Haltung und Meinung über Rom und sein Reich zugunsten Roms zu ändern, und es kann Galla Placidia gewesen sein, die ihn in diesem Sinne beeinflußte.

Das weströmische Heer war in dieser Zeit vollauf in Gallien beschäftigt. Der Usurpator Constantin III. war noch nicht überwunden. Die Vandalen, Alanen und Sueben waren im September 409 über die Pyrenäen in Spanien eingedrungen und hatten sich dort verbreitet. Nur wenige Städte hielten dem Ansturm der germanischen Stämme stand. Die silingischen Vandalen siedelten im Süden der Halbinsel, die hasdingischen Vandalen und die Sueben im Nordwesten und die Alanen im Zentrum Spaniens.

Im Herbst 411 hatte das westgotische Heer die Poebene erreicht. Hier, in Forum Livii (Forli), der Ort liegt zwischen Rimini und Ravenna, so berichtet Jordanes, ohne aber von zeitgenössischer Quelle bestätigt zu sein, habe die Hochzeit von Athaulf und Galla Placidia stattgefunden. Wenn an der Nachricht etwas Wahres ist, so war es eine Hochzeit nach gotischem Brauch; denn die nach römischem Ritus verbindliche Eheschließung zwischen beiden fand erst später 414 in Gallien statt, wie andere Quellen übereinstimmend berichten. Es ist möglich, daß Athaulf seine Absicht, Galla Placidia zu heiraten, in den Verhandlungen mit Honorius bekannt gab, auch daß sie solcher Verbindung nicht abneigend gegenüber stand. Jedenfalls suchte Athaulf, wieder ein vertragsmäßiges Verhältnis mit Ravenna herzustellen. Dafür spricht, daß er bei seinem Abzug aus Italien nach Gallien die auf dem Wege liegenden Orte nicht plünderte. Honorius konnte ihm ohnehin keine Truppen entgegenstellen, denn die waren immer noch in Gallien beschäftigt.

Inzwischen hatte im Weströmischen Reich durch sein militärisches Talent ein Römer aus Illyricum, geboren in Naissus (Nisch), auf sich aufmerksam gemacht: Flavius Constantius. Er war bereits unter Theodosius I. in die Armee eingetreten und hatte an mehreren Feldzügen teilgenommen. 409 oder 410 hatte er Olympius, der den Sturz und die Ermordung Stilichos – als Anstifter, nicht als Täter – auf dem Gewissen hatte, umbringen lassen. Seit 411 war er oberster Heermeister im Westreich. Constantius eroberte Arles, wo sich der Usurpator Constantin III. aufhielt. Dieser wurde als Gefangener von seinem Begleitpersonal auf dem Wege nach Ravenna umgebracht, wo er hingerichtet werden sollte. Nach den Jahrzehnten von Oberbefehlshabern germanischer Herkunft war Constantius wieder ein gebürtiger Römer, der dies hohe Amt ausübte.

Aber Gallien kam damit noch nicht zur Ruhe. Im gleichen Jahr, als das Kaisertum Constantins III. endete, erhob sich in Mainz mit Unterstützung des burgundischen Königs Gundahar (Guntiar) und des alanischen Königs Goar der gallo-römische Großgrundbesitzer Jovinus zum Gegenkaiser. Die Westgoten unter Athaulf, zu Beginn des Jahres 412 in Gallien angelangt, standen zunächst auf der Seite des Jovinus. Der glaubte, auf sie verzichten zu können. Ein schwerer Irrtum, wie sich bald herausstellte; denn die Goten nahmen Verhandlungen mit Vertretern des Honorius auf und übergaben Jovinus, der sich in Valentia (Valence) an der mittleren Rhône aufhielt, dem römischen Prätorianerpräfekten von Gallien, Dardanus, der ihn in Narbo (Narbonne) hinrichten ließ. Das war Ende 412 oder im Frühjahr 413.

Im Jahr 413 ereilte das Schicksal auch Heraclianus, der Mörder Stilichos. 408 hatte er die Stellung eines Befehlshabers des römischen Afrikas (comes Africae) erhalten. 413 erhielt er das Konsulat, aber das war ihm zu wenig. Er rebellierte, strebte wohl selbst nach dem Kaisertum, zumindest aber nach der Würde des obersten Heermeisters, sammelte eine starke Flotte und setzte mit einem Heer nach Italien über. Dort wurde er aber vom Heerführer Marinus geschlagen, floh zurück nach Karthago und wurde in der Stadt am 7. März 413 getötet.

Indessen verzögerten sich die von Honorius den Goten versprochenen Lebensmittellieferungen. Ein Heer, das sich mit Frauen, Kindern und alten Männern ständig auf Wanderschaft befand, konnte keine Äcker bestellen. Honorius und Constantius verlangten die Auslieferung von Galla Placidia, ehe das begehrte Getreide, Öl und Wein geliefert wurden.

Athaulf hatte aber andere Pläne. Er suchte Westrom verständlich zu machen, daß das Reich nur mit Hilfe der Goten zu erhalten und zu erneuern war. Er wollte als gleichberechtigter Partner in den Verträgen gelten, dazu aber brauchte er auch die Autorität der Galla Placidia. Sein ärgster Rivale bezüglich der Kaiserschwester war aber Constantius, der sich mit ihr als Ehefrau berechtigte Hoffnungen auf das kaiserliche Amt im Westreich machte. Sicher hatte Constantius inzwischen die Erfahrung gemacht, daß Honorius als Politiker ein totaler Versager war.

Athaulf setzte sich 413 mit seinen Goten im südlichen Gallien fest. Was ihm Ravenna an Lebensmitteln vorenthielt, holte er sich aus Städten und Dörfern. Er nahm Besitz von Burdigala (Bordeaux), Narbo (Narbonne) und Tolosa (Toulouse); aber als er im Handstreich die große Hafenstadt Massilia (Marseille) besetzen wollte, wurde er im Kampf von einem römischen Offizier namens Bonifatius verwundet, und die Goten mußten von Massilia ablassen.

Wir müssen uns noch einmal an den von Alarich eingesetzten Gegenkaiser Priscus Attalus erinnern, der nach seiner Absetzung durch Alarich als Gefangener der Goten die unfreiwillige Reise nach Gallien mitmachen mußte. Sicher war er dabei auch ein Gesprächspartner Galla Placidias. Nun »reaktivierte« Athaulf den unglückseligen Kaiser von Gothias Gnaden. Dieser Akt entsprang keiner Laune des Gotenkönigs, sondern dem Gedanken, daß dieser Kaiser ihm das römische Bürgerrecht vergeben sollte, damit dann einer rechtmäßigen römischen Ehe mit Galla Placidia nichts mehr im Wege stehen würde. So geschah es. Athaulf wurde römischer Bürger und zugleich von Priscus Attalus zum Heermeister ernannt. Formal war er damit seinem Widersacher Constantius ebenbürtig.

Im Januar 414 wurde in Narbo die Hochzeit nach römischem Brauch gefeiert. Athaulf schickte einen gewissen Candidianus als Brautwerber zu Galla Placidia, die in die Eheschließung einwilligte. Welche Gedanken sie dabei bewegten, wissen wir nicht.

Es ging alles ganz römisch zu. Die Hochzeit wurde im Haus eines Ingenius gefeiert, eines gallo – römischen Freundes Athaulfs. Darin war ein Raum als Hochzeitszimmer für die Brautleute ausgestaltet. Priscus Attalus hatte die epithalamia, die traditionellen Hochzeitslieder verfaßt und sang sie auch mit. Die Braut war als

Braut geschmückt und trug die Zeichen ihres kaiserlichen Ranges; Athaulf war im römischen Offiziersmantel gekleidet. Unter den Hochzeitsgeschenken Athaulfs befanden sich 50 junge Sklaven in seidenen Gewändern. Jeder von ihnen trug zwei Präsentierteller, der eine behäuft mit Gold, der andere mit Edelsteinen. Die Braut konnte sich denken, daß dies aus der römischen Beute stammt. Eine fröhliche Feier vereinte Goten und mit ihnen befreundete Römer.

Dem Brautpaar ein Hochzeitslied im Hause des Bräutigams zu singen, war bei Griechen wie Römern eine sehr alte Sitte. Oft wurde es eigens für diesen Zweck gedichtet und in der Form von Glückwünschen verfaßt. Der römische Dichter Martial schrieb folgendes Gedicht:

Claudia Peregrina ging mit Pudens heut die Ehe ein.
O Hymenaeus, sei dem neuen Bunde hold!
So herrlich mischt sich selten Zimt mit Nardenöl,
und Honig vom Hymettus mit dem Massiker.
Nicht besser schmiegt die zarte Rebe sich an Ulmen,
und Lotos sehnt sich nicht nach Wasser heftiger
und Myrthen nach dem festen Land.
O helle Eintracht,
hüte dieses Bundes ewiglichen Fortbestand,
und Venus sei dem Paare, das so gleich ist, stets geneigt.
Die Gattin möge auch im hohen Alter noch den Gatten lieben
und selbst, trotz Alters, ungealtert ihm erscheinen.[23]

Je nach dem Bildungsstand des Brautpaares gab es in den Hochzeitsgedichten zahlreiche Anspielungen auf Begebenheiten aus der griechischen Mythologie. Am Ende aber stand immer der Glückwunsch, wie ihn auch der römische Dichter Sidonius Apollinaris am Schluß eines Hochzeitsgedichtes formulierte:

Dann vereinigt Aphrodite die rechten Hände des Jünglings und des Mädchens, sang mit wenigen Worten den heiligen Segenswunsch, unwillig, daß sogar Worte noch Verzögerung bringen: Verlebt euer Leben in Glück und Eintracht; möget ihr Kinder und Enkel haben; und mögen eure Urenkel in ihren Urgroßeltern die Wonne sehen, an welcher sie sich selbst zu erfreuen wünschen.[24]

Nach römischer Sitte mußte ein Brautpaar die Geschlechtsreife erlangt haben, und so kam es, daß Mädchen schon etwa mit zwölf Jahren und Jungen mit 14 Jahren als heiratsfähig galten. Eheschließungen zwischen Römern und Fremden waren nicht gestattet, und natürlich durfte auch keine Römerin einen Sklaven heiraten. Die Eheschließung war in verschiedenen Formen möglich. Eine Form erinnerte an den früheren Brautkauf. Symbolisch gab der Bräutigam dem Vater oder dem Vormund der Braut eine Münze und nahm dafür die Braut in die Arme. Eine andere verbreitete Form war die einer Lebens- und Wohngemeinschaft. Dieses Zusammenleben galt aber erst dann als eine rechtlich anerkannte Ehe, nachdem die Frau ohne Unterbrechung ein Jahr mit ihrem Mann gemeinsam gelebt hatte. Manche Frauen, die dem Drang zur Ehe ausweichen wollten, trennten sich unschuldig lächelnd einfach im Jahr für drei Tage von ihrem Lebensgefährten; dann begann nach der Unterbrechung eine neue Zählung.

Kompliziert und altertümlich war die Heirat unter Angehörigen der höheren Stände und reicher Schichten, bei der Priester und zehn Zeugen anwesend sein mußten.

Die Braut weihte im Haus ihrer Eltern ihr Kinderspielzeug und ihre bisherige Kleidung den Hausgöttern. Sie legte einen Schleier an, trug auf dem Kopf einen Blütenkranz und war mit einer Tunika bekleidet. Die Tunika, ein aus zwei Teilen genähtes hemdartges Gewand aus Wolle oder Leinen mit langen Ärmeln mit oder ohne Gürtel, wurde direkt auf dem Leib getragen. Der Schleier leuchtete in orangener Farbe.

Für alle Formen römischer Ehe war der feierliche Zug am Abend in das Haus des Bräutigams vorgeschrieben. Während des Zuges wurde das Paar von den Hochzeitsgästen und Freunden in das neue Heim begleitet. Mit Fackelzug und Flötenklang ging es durch die Straßen. Possenhafte und recht unzüchtige derbe Verse wurden während des Zuges vorgetragen, die vor allem das voreheliche Leben des Bräutigams betrafen. Das sollte vor allem die Hochzeitsnacht vorbereiten helfen. Die Braut wurde über die Schwelle ihres neuen Heims getragen. Nach dem Brautbad führte man die Braut als erste in das Schlafzimmer.

Am nächsten Morgen gab der junge Ehemann für Verwandte und Gäste noch ein Mahl, die junge Frau nahm zum ersten Mal an den Kulthandlungen ihrer neuen Familie teil und war damit eine matrona geworden, die ehrenhafte Bezeichnung für die verheiratete Frau.

Doch jede Form der Heirat war erst dann gesetzlich gültig, wenn Mann und Frau im gegenseitigen Einvernehmen auch ehelich lebten, wenn in der Hochzeitsnacht auch ehelich verfahren wurde. Kam es nicht zu ehelichen Beziehungen, war die ganze Zeremonie umsonst, wurde der schriftlich aufgesetzte Ehevertrag ungültig.

Die Hochzeitsgesellschaft konnte in dieser Beziehung unbesorgt sein: Nach neun Monaten wurde beiden ein Sohn geboren, und Athaulf gab ihm den Namen Theodosius. Mit dem Namen bestätigte Athaulf sein politisches Programm, mit seinen Goten das Imperium Romanum erneuern zu wollen. Wie Alarich mit dem Vater Galla Placidias politisch verbunden war, suchte Athaulf mit Hilfe seiner kaiserlichen Gattin und des Priscus Attalus den Ruhm des römischen Namens zu erhöhen und Honorius für seine Politik zu gewinnen. Aber Honorius war kein Theodosius, und der Knabe Theodosius starb schon im Jahr 415.

Der Plan Athaulfs ging nicht auf. Constantius besaß nicht nur militärisches Geschick, sondern auch genügend Ehrgeiz, seine künftige Laufbahn mit der Kaisertochter zu verbinden. Als er zum 1. Januar 414 sein erstes Konsulat übernahm, erhielt er von Honorius die Zusage, Galla Placidia nach ihrer Rückkehr von den Goten ehelichen zu dürfen und damit die theodosianische Dynastie zu erneuern; denn Honorius war nach wie vor kinderlos.

Constantius war zu keinen Konzessionen bereit. Er nahm sein Hauptquartier in Arles und bereitete militärische Aktionen gegen die Goten vor. Mit seiner Flotte blockierte er den Hafen von Narbo und schnitt Athaulf damit von der Versorgung mit Lebensmitteln ab. Die südgallischen Landschaften, die Athaulf besetzt hielt, waren von Goten wie römischen Heeren ausgesogen worden. Es gab für ihn nur einen Ausweg, Gallien zu verlassen und wie schon vorher die Vandalen, Alanen und Sueben es taten, über die Pyrenäen nach Spanien zu ziehen. So geschah es im Jahr 415. Priscus Attalus, der Gegenkaiser, war den Goten nun überflüssig und lästig geworden. Sie gaben ihn auf, und auf seiner Flucht wurde er von den Häschern des Constantius gefangen genommen. Honorius verbannte ihn auf die Liparischen Inseln.

Mit ihrer Heirat hatte sich auch die soziale Stellung Galla Placidias verändert. Lebte sie bisher unter der Vormundschaft ihres Halbbruders Honorius, so wurde sie nun durch die Eheschließung davon befreit. Sie war eine römische Königin der unabhängigen Westgoten geworden und hoffte, ihren Mann bei seinen Bestrebungen, sich mit Honorius zu verständigen, zu unterstützen. Auch war sie sich sicher, Athaulf vom arianischen zum katholischen Christentum zu bekehren. Vielleicht spielte bei der Namengebung ihres Sohnes auch eine Rolle, daß Arcadius, ihr anderer kaiserlicher Halbbruder in Konstantinopel, im Jahr 401 seinem Sohn den Namen Theodosius gab, der nach dem Tode des Vaters im Jahr 408 sein Nachfolger wurde. Womöglich träumte Galla Placidia davon, daß ihr Sohn Theodosius nach dem Tode des Honorius auch Kaiser des Weströmischen Reiches und König der Westgoten werden könnte?

In Spanien setzten sich die Westgoten in der Umgebung von Barcelona fest. Dort starb der Sohn Theodosius und wurde in einer Kapelle in der Nähe der Stadt beigesetzt. Aber Galla Placidia vergaß ihn nicht. Viele Jahre später ließ sie den kleinen silbernen Sarg mit den sterblichen Überresten ihres Kindes nach Rom in den Petersdom überführen.

Athaulf überlebte seinen Sohn nicht lange. Im Zorn über eine vom König erlittene Beleidigung erschlug ihn ein Gote etwa Anfang August 415 in Barcelona. Sterbend riet er den Umstehenden, Galla Placidia den Römern zurückzugeben. Als die Nachricht vom Tode Athaulfs Konstantinopel erreichte, war man darüber besonders erleichtert und feierte mit Pomp ein großes Fest.

Unter den Westgoten gab es nicht nur Anhänger der Politik Athaulfs, die auf die Verständigung mit Rom gerichtet war. Es existierte daneben eine nicht minder starke Gruppe, die sich weiter feindselig verhielt und die Bildung eines starken unabhängigen westgotischen Staates auf römischem Boden anstrebte. Und ausgerechnet dem Exponenten dieser antirömischen Politik gelang es, die Nachfolge Athaulfs anzutreten. Segerich (Singerich), der neue König, war der Bruder eines mit Alarich und Athaulf verfeindeten gotischen Adligen. Segerich ließ Galla Placidia wie eine Gefangene vor seinem Pferd zu Fuß laufen und beabsichtigte, sie den Römern auszuliefern, um einen günstigen Friedensvertrag zu erhalten. Der Bruder Athaulfs und die Kinder aus einer früheren ersten Ehe Athaulfs wurden getötet. Jedoch wurde Segerich bereits nach einer Woche Herrschaft umgebracht.

Neuer König der Westgoten wurde Vallia (415 – 418). Dieser hing nicht der Utopie eines westgotisch-weströmischen Reiches an, war aber auch nicht Vertreter einer extrem antirömischen Politik. Er schätzte die politischen Beziehungen zwischen Goten und Römern realer ein als seine beiden Vorgänger. Galla Placidia erhielt wieder die Stellung, die sie schon bis zu ihrer Eheschließung mit Athaulf innegehabt hatte, als eine respektvoll gehaltene Geisel.

Vallia nahm den Plan Alarichs wieder auf, nach Nordafrika überzusetzen, um dann in jenen fruchtbaren Gefilden aller Versorgungssorgen enthoben zu sein. Aber die Herbststürme vereitelten sein Vorhaben. Ein Teil der Goten, die sich schon eingeschifft hatten, kamen durch Schiffbruch um, andere Schiffe wurden vom Sturm verstreut. Hungersnot breitete sich im gotischen Lager aus. Die Goten zogen nach Nordosten, aber Constantius verwehrte ihnen den Übergang über die Pyrenäen. Es kam zu Verhandlungen zwischen Goten und Römern.

Vallia und Constantius wollten einen baldigen Friedensschluß: Vallia, um endlich dringend erwartete Lebensmittellieferungen und Siedlungsland für seine Westgoten zu erhalten, Constantius, um in den Besitz von Galla Placidia zu gelangen. Euplutius führte als Beauftragter des Constantius die Verhandlungen in der Nähe der Pyrenäen mit Vallia. Die Westgoten erhielten den Status von Föderaten und 600 000 Maß Getreide. Nach unterschiedlich möglichen Berechnungen waren das entweder 5 400 000 oder 7 104 000 Liter, der modius castrense war ein Hohlmaß. Im Gegenzug erhielt Euplutius Galla Placidia und führte sie dem schon ungeduldig wartenden Constantius zu. So geschah es im

Frühjahr 416. Auf ihrem Wege wurde sie von einer Eskorte Goten begleitet, die ihrem verstorbenen Mann treu geblieben waren.

In den Jahren 416 und 417 unternahmen die Westgoten in römischem Auftrag mehrere erfolgreiche Feldzüge in Spanien gegen Vandalen, Alanen und Sueben, wobei sie den silingischen Teil der Vandalen fast vollständig vernichteten. Der verbliebene Rest schloß sich danach den hasdingischen Vandalen an, Silingen wurden nicht mehr erwähnt.

Galla Placidias Gedanken über diese Wende in ihrem Leben sind uns nicht überliefert. Soweit die Quellen etwas durchblicken lassen, war ihr Constantius ein ungeliebter Bräutigam. Sie wurde zu Honorius nach Ravenna gebracht, und es bedurfte strenger Ermahnungen und Anweisungen ihres kaiserlichen Bruders, bis sie schließlich in die Eheschließung mit Constantius einwilligte. Am 1. Januar 417 fand in Ravenna die Hochzeit statt. Constantius war kurz zuvor aus Gallien in die Hauptstadt zurückgekehrt. Der Kaiser selbst führte die Braut seinem obersten Heermeister zu. Die Hochzeit wurde mit großem Prunk gefeiert. Am gleichen Tage wurde Constantius vom Kaiser mit der Übertragung des zweiten Konsulats geehrt.

Im Jahr 418 erhielten die Westgoten von Constantius den Befehl, sich aus Spanien zurückzuziehen, und sie bekamen Siedlungsland in Aquitanien im südwestlichen Gallien angewiesen. Hauptstadt ihres dort entstehenden Königreichs wurde Tolosa. Vallia starb im gleichen Jahr. Seine Tochter übrigens war die Mutter des letzten obersten Heermeisters Westroms von Bedeutung, Flavius Ricimer, der von 456 bis 472 dreimal Kaiser ein- und absetzte und die Geschicke des Westreiches in seinen Händen hielt. Nachfolger Vallias wurde Theoderich I. (418 – 451); er hatte eine Tochter Alarichs geheiratet und war daher der Neffe Athaulfs. Die Burgunder hatten bereits 413 in der Rheinpfalz den Föderatenstatus erhalten.

Auch dieses Mal entsprach die Eheschließung Galla Placidias mit Constantius römischer Sitte: Etwa Ende 417 oder zu Beginn des Jahres 418 wurde ihre Tochter Iusta Grata Honoria geboren, die später einmal ihrem kaiserlichen Bruder großen Kummer bereiten sollte. Dann wurde in Ravenna am 2. Juli 419 ein Sohn ge-

Diptychon Constantius III. (linke Seite)

Diptychon Constantius III. (rechte Seite)

Münzporträt Constantius III.

boren, der den Namen Flavius Placidus Valentinianus erhielt; es war der spätere Kaiser Westroms Valentinian III.

Constantius erhielt zum 1. Januar 420 ein drittes Konsulat, eine Ehre, die einem, der nicht der kaiserlichen Familie angehörte, bisher nicht zuteil geworden war. Im folgenden Jahr hatte er sein Ziel erreicht: Am 8. Februar 421 erhob ihn Honorius zum zweiten Augustus des Weströmischen Reiches, Galla Placidia wurde der Rang einer Augusta zugeteilt.

Es heißt, daß Honorius sich zu diesen Ehrungen nur unwillig bekannt habe. Wahrscheinlich haben ihn Constantius und Galla Placidia zu diesem Schritt gedrängt, um damit möglichen Ansprüchen Ostroms auf den weströmischen Thron rechtzeitig zu begegnen. Und in der Tat hat der oströmische Hof die Anerkennung des Constantius als Augustus und der Galla Placidia als Augusta verweigert. Ebenso versagte man in Konstantinopel die Zustimmung, als Honorius auch dem Kind Valentinian den Rang eines Caesar verlieh. In üblicher Form war Theodosius II., dem oströmischen Kaiser, die Erhebung des Constantius zum Augustus mitgeteilt worden. Dies geschah, indem Porträtbilder des neuen Kaisers an den Hof in Konstantinopel gesandt, von wo diese dann in alle Verwaltungszentren des Ostreiches weitergeleitet wurden. Aber Theodosius II. – und dahinter stand seine einflußreiche

Schwester Pulcheria – weigerte sich, die Bilder des Constantius anzunehmen und zu verbreiten.

Der dynastische Konflikt drohte in einen militärischen überzugehen. Seit Frühjahr 421 vertieften sich die Spannungen zwischen beiden Höfen. Am 7. Juni 421 heiratete Theodosius II. die schöne Athenais, die nach ihrer Taufe den Namen Aelia Eudocia trug, um mit diesem Schritt seine eigene Nachfolge zu sichern. Im Juli eignete sich der Osten die Jurisdiktion über Illyricum an, und im August bereitete Constantius militärische Operationen gegen das Ostreich vor.

Da starb am 2. September 421 an einer Rippenfellentzündung unerwartet Kaiser Constantius III. Wieder wurde Galla Placidia Witwe. Die Vorbereitungen des Krieges gegen Theodosius II. wurden abgebrochen. Propagandisten und Agitatoren Ostroms in Ravenna, die von vornherein gegen den Krieg waren, frohlockten.

Der Tod des Constantius versöhnte Honorius und Theodosius II. Beide bekräftigten ihre Annäherung, gemeinsam das Konsulat für das kommende Jahr 422 zu übernehmen. Beider Konsulat wurde am 1. Januar 422 mit einer besonderen Feier eingeleitet: In Ravenna beging Honorius sein Fest der Tricennalia, d. h. des dreißigsten Jahrestages seiner Thronbesteigung, und in Konstantinopel feierte Theodosius II. seine Vicennalia, den zwanzigsten Jahrestag seiner Erhebung zum oströmischen Kaiser.

Galla Placidia war nun in Ravenna isoliert. Man beschuldigte sie, Constantius zur Kriegsvorbereitung gegen den Osten angestiftet zu haben. Doch hatte sie auch Freunde. Dazu zählte ihre westgotische Leibgarde, die sie bei ihrer Auslieferung an die Römer begleitet hatte; auch die Leibgarde ihres verstorbenen Mannes hielt ihr die Treue. Vor allem war es der Heerführer Bonifatius, der einst vor Jahren Athaulf im Kampf um Massilia verwundet hatte und ein Anhänger des Constantius geworden war. Sie wurde auch vom Heerführer Felix unterstützt, der später von 425 bis 430 oberster Heermeister Westroms war. Ihr Hauptfeind war aber Castinus, von 422 bis 425 ranghöchster Heermeister Westroms. Dieser hatte sich 422 in Spanien während eines Feldzuges mit Bonifatius zerstritten, und Castinus mußte eine Niederlage einstecken, weil die westgotischen föderierten Truppenkontingente von ihm abgefallen waren. Auch dafür wurde Galla Placidia verantwortlich gemacht. In Ravenna kam es zu Straßenkämpfen. Bewaffnete Banden griffen Galla Placidias Westgoten und die Leibgarde des verstorbenen Constantius an, die die Kaiserwitwe beschützten.

Honorius stellte sich auf die Seite des Castinus. Galla Placidia suchte die Rechte ihres kleinen Sohnes zu bewahren, während Castinus die Stellung des verstorbenen Constantius einnehmen wollte. Angeblich hatte sich Galla Placidia bemüht, mit Charme und Flirt ihren Bruder für sich einzunehmen, was zu bösartigen Gerüchten Anlaß gab. Bonifatius, ihre wichtige Stütze unter den Heerführern, verließ nach den Streitigkeiten mit Castinus Spanien und erhielt das Amt eines Oberkommandierenden der römischen Streitkräfte in Nordafrika.

Am Hof gewann Castinus die Oberhand. Galla Placidia wurde beschuldigt, gegen den Kaiser zu konspirieren und wurde vom Hof isoliert. Mit ihren beiden Kindern begab sie sich zunächst nach Rom; aber auch dort war sie nicht vor Nachstellungen sicher. Deshalb reiste sie im Januar 423 mit ihren Kindern nach Konstantinopel, obwohl sie wußte, daß sie auch dort nicht sehr willkommen war.

In Konstantinopel regierte seit 408 ihr Neffe Theodosius II., d. h. eigentlich herrschte seine Schwester, ihre Nichte Pulcheria, von der noch die Rede sein wird. Galla Placidias Vermögen in Westrom ließ Honorius einziehen, aber ihr getreuer Bonifatius unterstützte sie von Afrika aus finanziell. In Konstantinopel hatte sie wie erwartet einen kühlen Empfang; sie besaß dort einen Palast und lebte zunächst sehr zurückgezogen. Theodosius erkannte sie nicht als Augusta an.

Da starb am 27. August 423 Honorius in seinem 39. Lebensjahr an der Wassersucht. Er wurde in Rom beigesetzt. Damit änderte sich die Situation für Galla Placidia von Grund auf. Sie brachte beim Kaiser die Rechte ihres Sohnes Valentinian auf den weströmischen Thron vor, doch dieser fühlte sich erst einmal als alleiniger Herrscher des gesamten Römischen Reiches. Theodosius suchte Kontakt mit Castinus; Bonifatius unterstützte weiterhin Galla Placidia. Da drängte ein Ereignis Theodosius zu einer anderen Entscheidung.

Am 20. November 423 besetzte ein gewisser Johannes in Rom den weströmischen Kaiserthron. Ungewöhnlicherweise war er ein Zivilist, primicerius notariorum, der Vorsteher der Körperschaft der Notare in Rom. Welche Kräfte ihn dabei unterstützten oder sogar in den Vordergrund schoben, ist nicht überliefert. Sicher ist, daß wenigstens Teile des Heeres hinter ihm standen, denn ohne diese Zusage hätte sein Kaisertum keinen Tag überdauert. Vielleicht war auch Castinus der spiritus rector dieser Usurpation; er hielt sich zwar in den nächsten Monaten zurück, aber Johannes nominierte ihn als Konsul für das nächste Jahr und bestätigte ihn in seiner Stellung als Generalissimus des Westheeres.

Nun änderte Theodosius II. seine Politik in bezug auf Galla Placidia und ihren Sohn. Er verständigte sich mit ihr. Der fünfjährige Valentinian wurde mit der zweijährigen Tochter des Theodosius verlobt. Galla Placidia wurde als Augusta anerkannt. Im Sommer 424 traf die oströmische Armee Vorbereitungen zum Zug nach Italien. Am 23. Oktober 424 wurde Valentinian von Theodosius zum Caesar ernannt. Galla Placidia trat Illyricum an Ostrom ab; damit war ein wichtiger Streitpunkt zwischen den beiden Häusern beseitigt. Im Frühling 425 marschierte die oströmische Armee von Dalmatien aus in Nordostitalien ein. Aquileia wurde besetzt. Ravenna fiel mehr durch List als durch Kampf in die Hände der Angreifer. Johannes wurde gefangen genommen und im Mai 425 hingerichtet. Am 23. Oktober 425 wurde Valentinian III. (6 Jahre alt) Kaiser des Weströmischen Reiches. Galla Placidia triumphierte.

GALLA PLACIDIA, DIE KAISERIN

Galla Placidia hatte das erreicht, was sie kaum zu träumen gewagt hatte: Sie war Kaiserin – und sie war Witwe. Das heißt, sie konnte nun die Politik ihres Kinderkaisers lenken, ohne dabei von einem mehr oder weniger ruhmsüchtigen Gatten beaufsichtigt oder behindert zu sein. Theodosius II., ihr Neffe und offiziell der Vormund ihres Sohnes, lebte in Konstantinopel und hatte außen- wie innenpolitisch genügend eigene Probleme. Hinzu kam, daß die zwei einflußreichen kaiserlichen Damen am oströmischen Hof, seine Gattin Aelia Eudocia und seine Schwester Pulcheria, ihm wenig Raum für die Durchsetzung eigener Pläne ließen. Zuerst rechnete Galla Placidia mit ihrem alten Feind Castinus ab. Er wurde verbannt, sein Ort des Exils ist nicht bekannt; danach hören wir nichts mehr von ihm.

Nachfolger des Castinus als oberster Heermeister wurde Flavius Constantius Felix, der Galla Placidia schon früher unterstützt hatte. Er bekam auch den ranghöchsten Titel, den der Kaiser zu vergeben hatte, er wurde Patrizius und im Jahr 428 Konsul. In Karthago behielt ihr Freund Bonifatius seinen Posten, wenn auch zwischen Felix und Bonifatius bald eine Verstimmung eintrat. Stand eine Frau an der Spitze des Reiches, so waren unter zwei Rivalen schon einer zuviel.

Zu guter Letzt schob sich noch ein dritter Kandidat im Kampf um einen Anteil an der Macht in den Vordergrund: Es war Flavius Aetius. Geboren war er um 390 in Durostorum (Silistra) an der unteren Donau. Sein Vater Gaudentius bekleidete im Jahr 399 das Amt des Heerführers im römischen Afrika; von 399 bis zu seinem Tod 425 war er Heermeister in Gallien gewesen. Seine Mutter war eine wohlhabende adlige Dame aus Italien. Schon vor 405

Galla Placidia, Tochter des Kaisers Theodosius I.,
Gattin des Kaisers Constantius III. und Mutter des Kaisers Valentinian III.,
Goldmünze

besaß Aetius eine militärische Position als Tribun am Kaiserhof. Für drei Jahre von 405 bis 408 hatte ihn Stilicho als Geisel zum Westgotenkönig Alarich gesandt. Danach zurückgekehrt, wurde er erneut vergeiselt, diesmal zu den Hunnen. Es ist nicht bekannt, wann er von den Hunnen nach Westrom zurückkehrte. Jedenfalls war er lange genug dort, um eine große Anzahl von Freunden unter den Hunnen zu gewinnen. Als der Usurpator Johannes sich zum Kaiser machte, war Aetius für die Erhaltung und Versorgung der kaiserlichen Residenz in Ravenna verantwortlich. Die freundschaftlichen Beziehungen des Aetius zu den Hunnen brachten Johannes auf den Gedanken, ihn zu den Hunnen zu schicken, dort ein Söldnerheer anzuwerben und mit diesem die Oströmer an der Invasion in Italien zu hindern.

So geschah es auch; aber als Aetius mit seinen hunnischen Hilfstruppen in Italien ankam, war Johannes bereits drei Tage tot. Es kam zu einigen Scharmützeln zwischen den Truppen Aspars, des oströmischen Heermeisters, und den Hunnen des Aetius. Was sollte man mit den ungebetenen »Helfern« tun? In dieser Situation bewies Galla Placidia diplomatische Klugheit. Ehe es zu schwerren Auseinandersetzungen kommen konnte, zahlte sie die hunnischen Kontingente aus; sie bekamen ihre Löhnung, ohne

Goldmedaillon der Galla Placidia, Vorder- und Rückseite

groß gekämpft zu haben und wurden mit Dank wieder nach Hause geschickt. Aetius erhielt von der Kaiserin den Generalsrang (comes) und den Posten eines Heermeisters in Gallien. Dort entsetzte er Arles, das von den Westgoten belagert wurde. Aus ihrer Sicht sahen die Westgoten den mit Honorius 418 abgeschlossenen Föderatenvertrag nach seinem Tode als hinfällig an und suchten bis zum Abschluß einer neuen Vereinbarung Gebietsvorteile zu erlangen.

Noch bevor Valentinian III. am 23. Oktober 423 sein kaiserliches Amt antrat, gab die Kaiserin zwischen dem 9. Juli und dem 6. August vier Gesetze heraus, wofür eigentlich nur die Kaiser zuständig waren. Sie behandelten kirchliche Angelegenheiten und müssen die Zustimmung des oströmischen Kaisers erfahren haben; denn in der Sammlung römischer Gesetze, dem Codex Theodosianus, der im Jahr 438 in Ostrom und ein Jahr darauf in Westrom Gültigkeit erlangte, sind diese vier Gesetze ebenfalls aufgenommen worden.

Die drei fähigsten Heerführer Westroms in jenen Jahren kämpften mit unterschiedlichen Ergebnissen. Im Jahr 427 gewann Flavius Felix Pannonien wieder für Westrom zurück, das von Hunnen besetzt gehalten wurde. In Gallien mußten sich die Westgoten wieder in das ihnen 418 zugestandene Föderatengebiet zurückziehen. Im Jahr 428 zwang Aetius die mittelrheinischen Franken, von ihnen eroberte linksrheinische Territorien wieder aufzugeben. Weniger Erfolg und Glück hatte Bonifatius in Nordafrika im Kampf gegen maurische Stämme. Alle drei aber beargwöhnten sich, hielten sich durch Spitzel auf dem laufenden und verdächtigten sich gegenseitig, einen Umsturz zu planen und andere umbringen zu wollen. Zimperlich trat dabei keiner gegenüber dem anderen auf.

Der junge Valentinian III. wuchs im Schatten seiner Heerführer und seiner Mutter heran. Er gab bis zu seiner Eheschließung im Jahre 437 Gesetze und Verordnungen heraus, aber den Inhalt diktierte ihm seine Mutter. Von 425 bis 437 war sie – wenn auch nicht juristisch – die Beherrscherin des Weströmischen Reiches.

Bonifatius fiel bei der Kaiserin und bei Augustin, dem konsequenten Verfechter der katholischen Orthodoxie in Nordafrika,

Flavius Constantius Felix,
Heermeister im Weströmischen Reich

in Ungnade. Einmal war er mit einer arianischen Gotin, der Pelagia, verheiratet und zum anderen ging er nach Meinung Augustins nicht scharf genug gegen die nordafrikanische Sonderkirche der Donatisten vor. Beides reichte zu Verdächtigungen.

Der Donatismus bezeichnet eine christliche Sonderkirche, so benannt nach dem 313 in Karthago gewählten Bischof Donatus Magnus. Sie entstand auf der Grundlage sozialer, ethnischer und wirtschaftlicher Spannungen zwischen der berberischen Landbevölkerung und den römischen und romanisierten Grundherren und Städten im nördlichen heutigen Tunesien zu Beginn des 4. Jahrhunderts. Der Donatismus wurde staatlich verfolgt, blieb aber für rund hundert Jahre von großer politischer und religiöser Bedeutung. Mit staatlicher Gewalt wurden zu Beginn des 5. Jahrhunderts viele Donatisten zum Übertritt in die katholische Kirche gezwungen. In Resten hielt sich der Donatismus bis in die byzantinische Zeit.

Der oberste Heermeister Felix schwärzte Bonifatius bei der Kaiserin an, die – obwohl er ihr Günstling war, in kirchlichen Angelegenheiten keinen Spaß verstand. Bonifatius wurde zur Berichterstattung an den Kaiserhof bestellt. Von seinen Spitzeln wußte er, wie sehr der Hof gegen ihn eingestellt war, so weigerte er sich zu kommen. Absetzung, Verbannung oder Hinrichtung waren ihm gewiß.

Darauf wurde er im Jahr 427 von der Kaiserin zum Staatsfeind erklärt. Felix sandte ein Heer nach Afrika, um Bonifatius von seinem Amt zu vertreiben; aber in der militärischen Auseinandersetzung blieb Bonifatius Sieger. Wohlweislich hatte sich Felix nicht an die Spitze der Strafexpedition gestellt. Im Jahr 428 sandte er ein weiteres Heer gegen Bonifatius nach Afrika, diesmal unter der Führung des erfahrenen Heerführers Sigisvult, einem Goten, der auch gotische Kontingente in seinem Heer mit sich führte. Aber auch Sigisvult konnte Bonifatius nur schwer bedrängen, aber nicht entscheidend schlagen.

Es ist durchaus möglich, daß sich Bonifatius in dieser Situation nach weiteren Hilfstruppen umsah. Die nächstgelegene germanische Völkerschaft war die der Vandalen und Alanen, die sich in Spanien festgesetzt hatte. Wahrscheinlich hatte sich Bonifatius an

Geiserich, König der Vandalen und Alanen von 428 bis 477, mit der Bitte um die Entsendung von Hilfstruppen gewandt.

Zur gleichen Zeit etwa tat Galla Placidia der Bürgerkrieg in Nordafrika leid. Vielleicht hatte sie auch die Intrigen des Felix gegen Bonifatius durchschaut. Außerdem war Sigisvult, der General, den sie gegen Bonifatius geschickt hatte, ein arianischer Christ, und die Begünstigung des Arianismus durch Bonifatius hatte Felix ihr eingeflüstert. Sie entschied, den Krieg zu beenden. Zudem fürchtete sie, daß die Macht des Felix nach einer Beseitigung des Bonifatius ihr gefährlich werden konnte. Sie konnte ihre Unabhängigkeit besser behaupten, wenn ihre mächtigsten Heerführer uneinig waren. Das politische Prestige des Felix war durch den zweijährigen ergebnislosen Krieg ohnehin angeschlagen. Sie sandte ihren Vertrauten Darius, einen Briefpartner Augustins, zu Bonifatius. Bald wurden der Waffenstillstand und der Friedensvertrag ausgehandelt. Sigisvult wurde zurückgerufen, Bonifatius in seinem Rang und in seiner Stellung bestätigt.

Geiserich, der Vandalenkönig, war ein schlauer Fuchs. Er sah, wie das römische Nordafrika durch den Krieg erschüttert war. Hinzu kamen die häufigen Angriffe maurischer Stämme, die die Truppen des Bonifatius banden. Der wirtschaftliche Reichtum Nordafrikas lockte. Schon Alarich und Vallia, die Westgotenkönige, hatten erfolglos die Übersiedlung ihres Volkes dorthin versucht. Die Vandalen hatten inzwischen die Kunst des Seefahrens erlernt. In den zwanziger Jahren des Jahrhunderts plünderten sie die Balearen, Cartagená und Sevilla und unternahmen Beutefahrten über die Straße von Gibraltar nach Mauretanien. Das Meer war ihnen nicht mehr fremd. Im Mai 429 stachen sie von Julia Traducta (Tarifa) an der spanischen Küste aus in See und landeten an der Küste der römischen Provinz Mauretania Tingitana.

Nur: Es kamen nicht einige von Bonifatius erbetenen Hilfstruppen, sondern sie kamen mit Kind und Kegel, sie kamen alle! Etwa 80 000 Menschen, – Krieger, Frauen, Kinder, Greise. Diese Überfahrt beschleunigte die Friedensverhandlungen zwischen Bonifatius und Galla Placidia. Bonifatius stellte sich mit seinen Truppen den an der Mittelmeerküste ostwärts vordringenden Vandalen entgegen, konnte aber ihr Vorrücken nicht verhindern.

Die Provinzen Mauretania Tingitana (Hauptstadt Tingis/Tanger) und Mauretania Caesariensis (Hauptstadt Caesarea/Cerchell) gehörten zu den weniger romanisierten Gebieten des Römischen Reiches. Mehr von Nomaden bewohnt als von seßhaften Siedlern, zog es die Vandalen weiter nach Osten, nach Numidien und vor allem in die fruchtbare Provinz Africa proconsularis mit der Hauptstadt Karthago. In Numidien stieß Geiserich auf den ersten härteren Widerstand der Römer. Ein vandalischer Angriff auf die Stadt Constantine (vor 313 Cirta) scheiterte. Ein Vorstoß nach Karthago wurde auch zurückgeschlagen. Es kam zu einem Kampf mit den römischen Truppen unter der Führung des Bonifatius in der Nähe von Hippo Regius (Bône), Geiserich blieb Sieger. Das geschlagene Römerheer mit Bonifatius zog sich in die Stadt Hippo Regius zurück, die von Juni 430 bis August 431 von den Vandalen belagert wurde. Während der Belagerung starb in der Stadt am 28. August 430 ihr Bischof, der Kirchenvater Augustin. Die Stadt litt schwer unter der Hungersnot, und im August 431 übergab Bonifatius die Stadt den Vandalen mit dem Zugeständnis des freien Geleits für das römische Heer nach Karthago. Auch eine oströmische Truppe unter dem Befehl des obersten Heermeisters Aspar hatte den vandalischen Belagerungsring nicht sprengen können. Hippo wurde in den nächsten Jahren die Residenz des Königs Geiserich.

In der Zwischenzeit hatte sich das Verhältnis zwischen Felix und Aetius zugespitzt. 428 hatte Galla Placidia Felix zum Konsul bestimmt, 429 ernannte sie ihn zum Patrizius. Aetius stand als Heermeister Galliens rangmäßig unter Felix. Für Felix war Aetius ein gefährlicherer Rivale im Kampf um die Macht als Bonifatius in Afrika, der mit den Vandalen beschäftigt war. Seine Intrigen gegen Bonifatius waren inzwischen bekannt geworden, und Aetius vermutete, daß Felix sich nun vor allem gegen ihn wenden würde. Doch Aetius handelte schneller. Seine Beauftragten schürten Unzufriedenheit unter den Truppen des Felix in Ravenna, dieser tat das Gleiche gegen Aetius. Im Mai 430 kam es zu einem Aufruhr unter den Truppen in Ravenna; die Anhänger des Aetius behielten die Oberhand, und Felix und seine Frau Padusia wurden auf den Stufen der Kathedrale von Ravenna erschlagen.

Jetzt hatte sich die Situation der Kaiserin gründlich geändert. Ihr Günstling Bonifatius war in Afrika unabkömmlich. Galla Placidia mußte dem Verlangen des Aetius nachgeben und ihn zum obersten Heerführer Westroms ernennen. Ihre relative Unabhängigkeit hatte sie eingebüßt. Vorläufig konnte sie nichts gegen Aetius unternehmen und nominierte ihn für das Jahr 432 zum Konsul.

Aetius konnte in diesen Jahren erneut seine militärischen Fähigkeiten unter Beweis stellen. Die alamannischen Juthungen waren in die Provinz Rätien eingefallen. Westgotische Abteilungen griffen wieder Arles in Gallien an. Im Friedensschluß vom Herbst 430 erneuerte die Kaiserin den Vertrag von 418 mit den Westgoten. 431 vertrieb Aetius die Juthungen aus Rätien und aus der Provinz Noricum und drängte die mittelrheinischen Franken, die in kurzer Zeit Trier zum vierten Mal geplündert hatten, wieder zurück.

In den Jahren 431 und 432 bemühte sich die Kaiserin um eine Annäherung an den römischen Senat, der trotz politischer Ohnmacht immer noch der Hort der italischen Großgrundbesitzeraristokratie war und im geistigen Leben einflußreich blieb. Am 24. März 432 gab Galla Placidia ein Gesetz heraus, das Privilegien der kaiserlichen Bürokratie bestätigte. Diese war eng verbunden mit der römischen Senatsaristokratie. Ein führender Vertreter des Senatsadels, Petronius Maximus, kurzfristig im Jahr 455 weströmischer Kaiser, wurde von ihr für das Jahr 433 zum Konsul benannt.

Um 430 starb der Hunnenkönig Octar, ein Freund des Aetius. Die Kaiserin schlußfolgerte daraus, daß damit die engen Beziehungen des Aetius zu den Hunnen ein Ende finden würden. Im Jahr 432 ernannte sie ihren Günstling Bonifatius zum obersten Heerführer und rief ihn nach Italien. Die oströmische Armee unter Aspar verblieb noch bis 434 zum Schutz Karthagos in Afrika, bis sie vom Kaiser Theodosius II. zurückgerufen wurde.

Die Ernennung des Bonifatius nahm Aetius nicht ohne weiteres hin. Eine militärische Entscheidung, wer das höchste militärische Amt in Westrom und damit den größten Einfluß auf die Kaiserin ausüben sollte, stand bevor.

Bonifatius kam mit einem starken Heer im Frühjahr 432 nach Italien, begleitet von seinem Schwiegersohn Sebastianus. Galla Placidia ernannte Bonifatius zum Patrizius. Auch Aetius zog mit einem Heer aus Gallien nach Italien. Zur Schlacht kam es in der Nähe von Ariminum (Rimini). Sieger in dieser Auseinandersetzung wurde Bonifatius, allerdings so schwer verwundet, daß er drei Monate später verstarb.

Aber auch jetzt war Galla Placidia nicht bereit, Aetius an die Stelle des Bonifatius zu setzen. Sie ernannte seinen Schwiegersohn Sebastianus zum Generalissimus des weströmischen Heeres. Aetius hatte sich nach seiner Niederlage zuerst auf seinen befestigten Landsitz in Italien zurückgezogen, doch Sebastianus verfolgte ihn. Aetius floh nach Rom, von dort weiter nach Dalmatien und zu den Hunnen in Pannonien. Es gelang ihm, seine freundschaftlichen Verbindungen zu ihnen zu erneuern. Hunnenkönig Rua lieh ihm ein Heer hunnischer Krieger, und mit diesem bedrohte er im Jahr 433 Ravenna. Die Kaiserin sandte einen Hilferuf zu den Westgoten, doch diese waren über die Niederlage, die sie von Aetius einstecken mußten, verärgert und kamen nicht. Damit hatte Galla Placidia das Spiel verloren; sie mußte Sebastianus aus seinem Amt entlassen und Aetius zum obersten Heermeister ernennen. Sebastianus floh im Herbst 433 nach Konstantinopel.

Von 433 bis zu seiner Ermordung durch Kaiser Valentinian III. im Jahr 454 stand Aetius an der Spitze der weströmischen Streitkräfte; 435 wurde er Patrizius.

Aber er dachte nicht daran, die Kaiserin zur Eheschließung mit ihm zu veranlassen. Wie es damals öfters vorkam, wurde die Witwe eines besiegten Gegners neue Gattin des Siegers. Etwa 433 oder 434 heiratete Aetius die Witwe des Bonifatius, Pelagia. Damit übernahm er nicht nur dessen Frau, sondern auch das reiche Vermögen des Toten und – das war nicht unwichtig – die Leibgarde des Bonifatius.

Am 11. Februar 435 schloß Galla Placidia – gewiß nicht ohne Zustimmung des Aetius – einen Friedensvertrag mit dem Vandalenkönig Geiserich; der Vertrag gestand den Vandalen den Status von Föderaten zu. Sie beherrschten inzwischen das römische

Nordafrika mit Ausnahme der Provinz Africa proconsularis und der benachbarten Byzacena. Die Kaiserin und Aetius waren in diesem Punkt einig, mit ihren militärischen Mitteln freie Hand in Gallien und Spanien zu erhalten. Zu einem weiteren langwierigen Krieg in Nordafrika reichten diese Mittel nicht mehr aus. Die ständigen Unruhen in Gallien erforderten in diesen Jahren die ununterbrochene Anwesenheit des Aetius. Für die Kaiserin war es eine Erleichterung ihrer Situation; denn dadurch war der direkte Einfluß des obersten Heerführers auf die Politik am Kaiserhof begrenzt. Zwar wußte Aetius über alle Vorhaben Galla Placidias in Ravenna durch seine Agenten am Hof Bescheid und setzte auch seine eigenen Pläne durch, doch behielt sie durch seine Abwesenheit größere persönliche Freiheit. Das Verhältnis zwischen beiden blieb gespannt und kühl, und sie übertrug ihre Abneigung gegen ihn auf ihren Sohn Valentinian. Sie suchte Rückhalt bei namhaften Exponenten der italischen Senatsaristokratie, die in Aetius einen Emporkömmling sahen und seine freundschaftlichen Beziehungen zu den Hunnen verabscheuten. Sie wartete auf eine Gelegenheit, ihn auf eine ähnliche Art und Weise beseitigen zu können, wie es einst mit Stilicho geschehen war.

Die Bewilligung des Föderatenstatus an Geiserich, den die Westgoten als ihren Hauptfeind ansahen, veranlaßte den Westgotenkönig Theoderich I. zum Bruch des 430 erneuerten Föderatenvertrages mit Westrom. Im Jahr 436 belagerten die Westgoten Narbonne. Den Burgundern reichte das ihnen im Vertrag von 413 angewiesene Föderatengebiet in der Rheinpfalz nicht mehr aus, sie griffen die römische Provinz Belgica Prima an, die ihnen am nächsten gelegen war und ließen sich dort häuslich nieder. Die salischen Franken im Gebiet der Rheinmündung stießen nach Süden vor. Die bäuerliche Volksbewegung der Bagauden erstarkte wieder in der Halbinsel Aremorica (später wurde sie Bretagne genannt), die sich faktisch vom Römischen Staat löste.

Aetius sandte ein hunnisches Hilfsheer gegen die Burgunder, und im Jahr 436 wurden sie entscheidend und vernichtend geschlagen. 20 000 Burgunder sollen dabei umgekommen sein. Dieses Ereignis bildet einen historischen Hintergrund der Nibelungensage. Aetius bewahrte die Burgunder vor vollständiger Vernichtung und siedelte im Jahr 443 den übrig gebliebenen Rest in der Landschaft Sapaudia an. Das Gebiet erstreckte sich über das Territorium der Kantone Vaud und Fribourg in der Westschweiz und der französischen Departements Doubs und Haute-Saône. Die Sapaudia wurde das Kerngebiet eines neuen burgundischen Königreiches, das im Jahr 534 von den Franken erobert wurde.

Das von den Westgoten belagerte Narbonne konnte Litorius, ein Heerführer unter dem Kommando des Aetius, noch im Jahr 436 befreien. Litorius setzte den Kampf gegen die Westgoten fort und wurde im Jahr 439 im Kampf um Toulouse schwer verwundet und in westgotischer Gefangenschaft umgebracht. Daraufhin wurde zwischen Römern und Westgoten wieder Frieden geschlossen.

437 mußte Galla Placidia Aetius mit dem zweiten Konsulat ehren. Im selben Jahr wurde ihr Sohn Valentinian III. 18 Jahre alt. Langfristig wurde die Hochzeit mit Licinia Eudoxia, der Tochter des oströmischen Kaisers Theodosius' II., vorbereitet. Nach alter römischer Sitte wurde ein junger Mann mit 17 Jahren zum militärischen Dienst eingezogen. Mit 14 Jahren konnte er schon eine gesetzliche Ehe eingehen; aber im allgemeinen wartete man damit noch etwas länger. Mit Licinia Eudoxia war Valentinian schon verlobt worden, als er vier Jahre alt war.

Galla Placidia unterstützte diese Eheschließung. Einmal erhoffte sie sich von ihr einen stärkeren politischen Rückhalt gegenüber ihrem ungeliebten Heermeister und außerdem besaß Kaiser Theodosius II. nur diese Tochter und keinen Sohn. Tochter Flaccilla und Sohn Arcadius waren bereits im Kindesalter gestorben. Der Gedanke wird ihr nicht fremd gewesen sein, daß ihr Sohn Valentinian III., Kaiser des Weströmischen Reichs, nach dem Tode Theodosius' II. – oder auch ein aus der Ehe mit Licinia Eudoxia zu erwartender Sohn – selbst den Kaiserthron in Konstantinopel zusätzlich besetzen könnte. Als Kaiser Theodosius II. dann im Jahr 450 starb, machte ihr jedoch seine Schwester Pulcheria einen Strich durch diese Rechnung. Doch darüber Näheres später.

Im Jahr 436 wurde der römische Aristokrat Volusianus von der Kaiserin nach Konstantinopel gesandt, um Theodosius II. und die Kaiserin Aelia Eudocia aufzusuchen und formell für Valentinian III.

um die Hand ihrer Tochter Licinia Eudoxia anzuhalten. Die Eltern Licinias gaben ihre Zustimmung. Als Ort für die Hochzeit wurde von ihnen Thessalonike im Norden Griechenlands vorgeschlagen. Galla Placidia war klug genug, Theodosius zu entgegnen, man wolle ihm, dem älteren Kaiser, die Strapazen der Reise nach Thessalonike ersparen, die Hochzeit sollte eher in Konstantinopel stattfinden. Im Spätsommer 437 setzte sich der Hochzeitszug von Ravenna aus in Bewegung. Der Kaiser wurde von Aetius begleitet; am 21. Oktober erreichte der Zug die Hauptstadt des Oströmischen Reiches. Eine hochadlige Suite bildete sein Gefolge. Galla Placidia war in Ravenna geblieben, um den Hof und die Regierung nicht führerlos zu lassen.

Am 29. Oktober 437 wurde die Hochzeit gefeiert. Der Bräutigam zählte 18, die Braut 15 Jahre; kein ungewöhnliches Alter für römische Hochzeiten.

Anläßlich der Hochzeit wurde in Konstantinopel eine Goldmünze herausgegeben, die auf der Rückseite die Inschrift trug: feliciter nubtiis, – zur Hochzeit Glück und Segen. Theodosius und Valentinian zu seiner Linken waren darauf abgebildet. Beide hielten eine Kugel in der Hand, was die gemeinsame Herrschaft und die Vereinigung des Oströmischen Reiches mit dem Weströmischen Reich symbolisch darstellen sollte. Rechts neben Theodosius war die Tochter Licinia Eudoxia, nun Gattin Valentinians, zu sehen. Eine andere Münze zeigte Licinia Eudoxia mit der Inschrift: salus orientis felicitas occidentis, – Heil des Ostens, Glück des Westens.

Mit der Hochzeit ihres Sohnes hatte Galla Placidia die mehr oder weniger offizielle Regentschaft aufgegeben. Das bedeutete aber nicht, daß sie sich fortan in ihr Privatleben zurückzog. Wer die Macht einmal geschmeckt hatte, hing an ihr.

Von einer Wiederherstellung der Reichseinheit konnte aber keine Rede sein. Dynastische Verbindungen überbrückten nicht die bestehenden Gegensätze zwischen Ost und West. Die beiden höchsten Heermeister, der aus alanisch-gotischer Familie stammende Aspar im Osten und Aetius im Westen, belauerten sich gegenseitig und waren nicht bereit, dem anderen auch nur ein Quentchen Macht abzutreten. Hatte man es im Westen mit ungehörigen und aufsässigen Föderaten zu tun, so hatte der Osten seine Not mit Hunnen und Persern. Auch im kirchlichen Bereich gab es wahrnehmbare Differenzierungen, dominierte im Osten das spekulative und theoretische Denken, war man im Westen Pragmatiker, mehr auf Nutzen und Handlungen ausgerichtet; man war halt in Rom mehr Römer als in Konstantinopel, Antiochia, Jerusalem oder Alexandria.

Die Reichsteilung zeigte sich auch im juristischen Bereich. Der 438 in Kraft gesetzte Codex Theodosianus sollte für beide Reiche Gültigkeit besitzen. Jedoch verfügten beide Kaiser, daß Gesetze des Oströmischen Reiches im Westen nur mit Zustimmung des weströmischen Kaisers Anerkennung finden sollten und ähnlich weströmische Gesetze im Osten nur mit Billigung des oströmischen Kaisers verbreitet werden durften. In diese Gesetzessammlung wurden auch jene Erlasse eingefügt, die Galla Placidia in der Zeit zwischen 425 und 437 im Namen ihres unmündigen Sohnes herausgegeben hatte.

Den Winter von 437 zu 438 verbrachte das jung verheiratete Paar in Thessalonike, fern von der Neugier des Hofes in Konstantinopel. Im Frühling 438 feierte es einen prunkvollen Einzug in Ravenna. Leider geben die Quellen uns keine Auskunft, wie sich das Verhältnis zwischen der jungen Kaiserin und ihrer Schwiegermutter gestaltete. Ihre Schwägerin Honoria, die Schwester Valentinians III., fühlte sich dagegen zurückgesetzt und benachteiligt. Sie war von ihrer Mutter zur bleibenden Jungfräulichkeit bestimmt worden, um ihrem kaiserlichen Bruder nicht mit einem ehr- und ruhmgeizigen Ehemann in die Quere zu kommen. Aber dies für sie vorgesehene Schicksal gefiel ihr ganz und gar nicht.

Licinia Eudoxia gebar ihrem Gatten zwei Kinder, doch sehr zum Mißvergnügen ihres Mannes und ihrer Schwiegermutter war kein Sohn darunter. Die ältere Tochter wurde 438 oder 439 geboren. Zur Freude von Licinias Eltern gab man ihr den Namen Eudocia, wie Licinias Mutter hieß. Am 6. August 439 wurde Licinia Eudoxia in den Rang einer Augusta erhoben. Die zweite Tochter wurde um 442 geboren und erhielt den Namen Placidia, den Namen ihrer Großmutter väterlicherseits, Galla

Placidia. Valentinian III. und Theodosius II. blieben die letzten direkten männlichen Abkömmlinge der theodosianischen Dynastie.

Galla Placidia behielt ihren bedeutenden Einfluß auf die Regierung ihres Sohnes auch nach seiner Heirat. Mit Aetius hatte sie sich arrangieren müssen, volles Vertrauen gab es zwischen beiden nicht. Aetius konzentrierte die weströmischen Streitkräfte in Norditalien, Gallien und im oberen Donauraum. So hatte der Vandalenkönig Geiserich keine besonderen Probleme, sein Königreich in Nordafrika auf Kosten Ravennas zu erweitern. Am 19. Oktober 439 besetzte Geiserich Karthago, 441 landeten die Vandalen auf Sizilien. 442 mußte Westrom sie aus dem Föderatenverhältnis entlassen und das vandalische Königreich als souveränen Staat anerkennen. Die nordafrikanischen Provinzen gingen für Ravenna verloren.

Im Gegenzug stellte Geiserich seinen ältesten Sohn Hunerich Kaiser Valentinian III. als Geisel zur Verfügung. Hunerich war mit einer Tochter des Westgotenkönigs Theoderich I. verheiratet. Aber seitdem die Westgoten in Spanien die silingischen Vandalen vernichtet hatten, bestand zwischen beiden bittere Feindschaft. Im Interesse einer zeitweiligen Annäherung Geiserichs an Westrom schickte Hunerich seine Gattin im Jahr 442 ihrem Vater zurück; vorher ließ er ihr allerdings Nase und Ohren abschneiden, was einer grausamen und schmachvollen Ehescheidung verbunden mit einer Kriegserklärung gleichkam.

Während Hunerich als Geisel am Hof zu Ravenna lebte, wurde er – ganz sicher mit Zustimmung seines Vaters – mit der drei- oder vierjährigen Tochter Valentinians III., Eudocia, verlobt. Wir wissen nicht, wie alt Hunerich war, aber er müßte mindestens fünfzehn Jahre älter als seine Verlobte gewesen sein. Geiserich gestattete die Fortsetzung der jährlichen nordafrikanischen Getreidelieferungen nach Rom.

Während der Kaiserhof in Ravenna hoffte, mit der Verlobung das Vertragsverhältnis mit den Vandalen zu sichern, setzten Aetius und die gallo-römische Aristokratie auf das weitere Bündnis mit den Westgoten. Sie wurden gebraucht im Kampf gegen die Bagauden in Gallien und Spanien und als Truppenreserve gegen mögliche Einfälle von außen. Um 440 etwa ging Aetius seine dritte Ehe ein und heiratete eine Tochter des Westgotenkönigs Theoderich I.

Der Einfluß Galla Placidias auf die Regierung ihres Sohnes muß auch nach seiner Eheschließung noch so bedeutsam gewesen sein, daß eine Quelle, die Gallische Chronik, den Beginn der Regierungszeit Valentinians III. erst mit dem Tod seiner Mutter einsetzen läßt, also erst mit dem Jahr 450![25]

Die ständige Kontrolle durch seine Mutter muß Valentinian III. im Laufe der Zeit lästig geworden sein; es ist überliefert, daß er sich in Ravenna einen neuen eigenen Palast errichten ließ, während Galla Placidia in der älteren kaiserlichen Residenz in Ravenna verblieb. In diesen Jahren konzentrierte Galla Placidia ihren kaiserlichen Einfluß mehr auf die Bewahrung der katholischen christlichen Religion und die Abwehr von Sekten und Sonderkirchen.

Im Februar 450 reiste sie in Begleitung ihres Sohnes und ihrer Schwiegertochter nach Rom, wo sie auch in den folgenden Monaten blieben. Galla Placidia war etwa 62 Jahre alt, als sie am 27. November 450 starb. Ihre Todesursache ist nicht bekannt. Sie wurde im Mausoleum im alten Petersdom beigesetzt.

Verfolgen wir noch etwas das Schicksal ihrer Schwiegertochter, der Kaiserin Licinia Eudoxia.

Aetius war im Jahr 446 mit einem dritten Konsulat geehrt worden. Er hatte im Jahr 451 nach der Schlacht auf den Katalaunischen Feldern die Hunnen unter Attila zum Abzug aus Gallien veranlassen können. Darüber wird noch zu berichten sein. 453 war Attila gestorben und ein Jahr darauf sein großes Reich zerfallen. Mit den Westgoten verstand sich Aetius gut. Die Vandalen hielten die abgeschlossenen Verträge ein.

Aetius glaubte, die zeitweilige außenpolitische Stabilität des Reiches nutzen zu können, seine eigene Position im Innern zu festigen. Im Jahr 454 verlobte er seinen Sohn Gaudentius, den ihm seine zweite Gattin Pelagia, die Witwe des Bonifatius, geboren hatte, mit Placidia, der jüngeren Kaisertochter. Kaiser Valentinian III. stimmte nur widerwillig zu. Zu tief saß der ihm von seiner Mutter eingepflanzte Grimm gegen seinen Oberbefehlshaber. Die ebenfalls gegen Aetius eingenommene Hofkamarilla gewann beim Kaiser die Oberhand. Zu ihren führenden Köpfen gehörte der Eunuch Heraclius und der Sprecher des römischen Senats Petronius Maximus. Während einer Audienz auf dem Palatin in Rom wurde Aetius am 21. September 454 vom Kaiser selbst erschlagen. Valentinian III. konnte sich aber nicht lange seines Sieges freuen. Aetius war bei den Offizieren beliebt gewesen. Bei einer Truppeninspektion auf dem Marsfeld von Rom wurde der Kaiser von zwei Anhängern des Aetius, darunter sein Schwiegersohn Thraustila, am 16. März 455 ermordet. Auch Heraclius fand dabei den Tod. Keiner vom Gefolge des Kaisers rührte sich, die Mörder zu verfolgen, die das Diadem des Kaisers dem Petronius Maximus überbrachten, der wahrscheinlich als graue Eminenz im Hintergrund das grausame Schauspiel inszeniert hatte.

Licinia Eudoxia, die Kaiserin und nun Witwe, lebte in jenen Monaten mit ihren beiden Töchtern auch in Rom. Nach der Ermordung ihres Gatten trat sie dafür ein, Flavius Valerius Maiorianus, einen hohen Offizier aus dem Gefolge des Aetius, als neuen Kaiser einzusetzen. Aber schon am 17. März 455 wurde Petronius Maximus zum Kaiser des Weströmischen Reiches berufen. Sein Reichtum überzeugte den Senat und die in Rom anwesenden Truppen. Dagegen verweigerten ihm die in Gallien und Dalmatien stationierten Truppen den Gehorsam.

Um seine Stellung zu festigen, zwang Petronius Maximus die Witwe Valentinians III., ihn zu heiraten, um damit eine dynastische Verbindung zum theodosianischen Haus herzustellen. Die mit Hunerich, dem Sohn Geiserichs, verlobte Eudocia zwang der neue Kaiser, seinen Sohn Palladius zum Ehemann zu nehmen.

Das war natürlich ein Affront gegen den Vandalenkönig. Daher ließ er sich nicht lange bitten, als Karthago von Rom aus heimliche Hilferufe erreichten, in denen Licinia Eudoxia und Eudocia ihn baten, sie aus ihrer mißlichen Lage zu befreien. Geiserich erschien an der Spitze einer Flotte Ende Mai 455 in der Tibermündung. In Rom brach eine Panik aus. Petronius Maximus wurde während seiner Flucht aus der Stadt von den Massen erkannt und gesteinigt. So geschah es am 31. Mai 455.

»Wiener Dioskurides«,
Widmungsminiatur für Prinzessin Anicia Iuliana,
Konstantinopel um 512

Geiserich ließ die Stadt 14 Tage lang plündern, und als er abzog, führte er die Kaiserwitwe Licinia Eudoxia mit ihren beiden Töchtern Eudocia und Placidia und ihrem Verlobten Gaudentius als Geiseln nach Karthago mit.

In Karthago verbrachten sie die nächsten Jahre in einem ehrenvollen Hausarrest. Zweimal sandte der oströmische Kaiser Marcian (450 – 457) Boten zu Geiserich, um ihn zur Freigabe der Damen zu bewegen. Geiserich lehnte ab. Eudocia heiratete nun seinen Sohn Hunerich, der ihr früher aufgenötigte Ehemann Palladius war in Rom mit seinem Vater umgekommen. Die jüngere Tochter Placidia heiratete in Karthago den hochadligen und führenden Senator Roms Anicius Olybrius, den Geiserich ebenfalls als Geisel mit nach Karthago gebracht hatte. Olybrius konnte jedoch bald nach Konstantinopel entkommen.

Durch diese Heiraten war Olybrius mit Geiserich verwandt geworden. Als Olybrius für kurze Zeit im Jahr 472 weströmischer Kaiser wurde, unterstützte Geiserich diese Thronbesteigung. Erst eine vom oströmischen Kaiser Leo (457 – 474) erneut bei Geiserich vorgetragene Bitte um Freilassung der Damen hatte im Jahr 461 teilweisen Erfolg. Der Vandalenkönig sandte die Kaiserwitwe Licinia Eudoxia und ihre Tochter Placidia nach Konstantinopel. Eudocia dagegen mußte noch im Vandalenreich bleiben. In Ostrom lagen die Güter, die Licinia Eudoxia von Galla Placidia geerbt hatte. Ihr Todesjahr ist nicht überliefert. Placidia gebar ihrem Mann Olybrius im Jahr 462 in Konstantinopel die Tochter Anicia Juliana. Diese wäre im Jahr 478 beinahe Gattin des Ostgotenkönigs Theoderich des Großen geworden; aber Theoderich wollte nicht. 479 heiratete sie dann den obersten Heermeister Ostroms Flavius Areobindus, den die katholische orthodoxe Bevölkerung Konstantinopels im Jahr 512 als Gegenkaiser gegen Kaiser Anastasius (491 – 518) forderte. Sie trug den Titel einer Patrizia, – ein seltener Fall, denn ihr Gatte besaß nicht den Patriziustitel. Sie starb um 527/528.

Eudocia, die Gattin Hunerichs, brachte ihrem Mann im Jahr 456 einen Sohn zur Welt, der den Namen Hilderich erhielt. Dieser Hilderich, der Enkel Kaiser Valentinians III., war von 523 bis 530 König des Vandalenreichs. Eudocia gelang im Jahr 471 oder 472 die Flucht in das Oströmische Reich, oder hatte sie Geiserich heimlich ziehen lassen? Sie wandte sich nach Jerusalem, aber sie starb dort nach wenigen Tagen.

Über die Kinder und Enkelkinder der Anicia Juliana blieb die aktive Verbindung der Nachkommen Galla Placidias zur Politik des oströmischen Kaiserhofes erhalten.

Vandalenkönig Hilderich, Silbermünze

Galla Placidia, von der wir hier ausgegangen sind, war ihrer politischen Rolle in der ersten Hälfte des 5. Jahrhunderts gerecht geworden. Sie überragte an Willenskraft und Energie bei weitem ihren »regierenden« Halbbruder Honorius und auch ihren Sohn Valentinian III. Schade, daß sie den fähigsten Heermeister ihrer Zeit, Aetius, nicht leiden mochte. Hätte sie ihn geheiratet, hätte Gaudentius, der Sohn des Aetius, die Kaisertochter Placidia geheiratet, er wäre der Nachfolger Valentinians geworden, da dieser keinen Sohn besaß. Dann hätte Valentinian auch nicht Aetius ermordet, ja – hätte ...

Es macht Spaß, darüber nachzusinnen, was wäre gewesen, wenn ... Aber geschichtliche Ereignisse lassen sich nicht rückgängig machen, und ob es eine Alternative zum Ende des weströmischen Kaisertums im Jahr 476 gegeben hat, – darüber hat damals niemand ernsthaft nachgedacht.

DER HILFERUF DER IUSTA GRATA HONORIA

Iusta Grata Honoria, sonst in der kurzen Form stets Honoria genannt, wurde als Tochter des Flavius Constantius und seiner Gattin Galla Placidia entweder gegen Ende des Jahres 417 oder im ersten Halbjahr des Jahres 418 geboren. Sie war die ältere Schwester des späteren Kaisers Valentinians III., der im Juli 419 das Licht der Welt erblickte. Ihre Eltern hatten am 1. Januar 417 geheiratet.

Ihr kaiserlicher Bruder hatte sie – gewiß nicht ohne Zustimmung der Mutter – zur Jungfräulichkeit bestimmt, um damit von vornherein einem in der Ehe mit Licinia Eudoxia erwarteten Sohn keinen Nebenbuhler aufwachsen zu lassen. Wie schon erwähnt, gebar ihm seine Gattin aber keinen Sohn, sondern zwei Töchter. Galla Placidia suchte den verletzten Ehrgeiz ihrer Tochter zu besänftigen, indem sie Honoria zum ranghohen und klangvollen Titel einer Augusta verhalf. Das wird in den dreißiger Jahren, vielleicht zur Zeit der Eheschließung ihres Bruders mit Licinia Eudoxia, der Fall gewesen sein.

Wir wissen nicht, wie sich das Verhältnis zwischen Licinia Eudoxia und ihrer Schwägerin Honoria gestaltete. Gewiß fühlte Honoria sich trotz jedes Entgegenkommens von Licinia zurückgesetzt, war sie doch von einer aktiveren Teilnahme am politischen Leben des Hofes ausgeschlossen. Im Gegensatz zu Pulcheria, der Schwester des oströmischen Kaisers, vermochte sie nicht, Einfluß auf ihren kaiserlichen Bruder auszuüben oder in religiöser kirchlicher Aktivität Erfüllung zu finden. Sie war unzufrieden mit sich selbst und mit ihrem Schicksal. Sie besaß in Ravenna einen eigenen Palast mit eigenem Haushalt, der ihr von der Mutter zugewiesen worden war. Honoria besaß das heftige, zuweilen unbere-

Honoria, Schwester des Kaisers Valentinian III.,
Goldmünze

chenbare Temperament ihres Großvaters Theodosius I., und sie hatte auch die politischen Ambitionen ihrer Mutter geerbt. Mit ihrer zweitrangigen Rolle am Kaiserhof war sie nicht einverstanden.

Valentinian III. hatte ihr die Ehe untersagt. Da er selbst keinen männlichen Erben besaß, mußte zwangsläufig ein Ehemann der Honoria in den Rang eines zukünftigen Nachfolgers des Kaisers gelangen. Da der Kaiser seine Schwester am Hofe mißtrauisch beobachten ließ, wagte es jedoch kein Hochgestellter, sich ihr zu nähern.

Im Jahr 449 war Honoria etwa 31 Jahre alt. Des liebelosen Lebens überdrüssig, begann sie eine Liebesaffäre mit dem Verwalter ihrer Güter, Eugenius. Sie soll auch schwanger geworden sein, aber da wir von einem Kind der Honoria nichts wissen, gehört diese Nachricht entweder in die Klatschgeschichte des Hofes oder Honoria gelang es, das Kind abzutreiben. Illegitime sexuelle Beziehungen zu einer Prinzessin des kaiserlichen Hauses galten als Majestätsbeleidigung und wurden mit dem Tode bestraft. So wurde auch Eugenius hingerichtet. Honoria wurde aus dem Palastbereich in Ravenna ausgewiesen und unter Hausarrest gestellt. Einige Quellen geben an, sie sei damals nach Konstantinopel verbannt worden, doch widersprechen diese Nachrichten anderen Zeugnissen.

Man wollte weitere Skandale vermeiden. Um diesen aus dem Weg zu gehen, wurde Honoria um 449/450 mit einem ehrenwerten Senator, Herculanus, verlobt. Dies geschah auf Befehl des Kaisers selbst, nicht auf Wunsch der nunmehrigen Braut. Herculanus war dem Kaiser als ein Mann guten Charakters und ohne jegliche politische Ambitionen bekannt. Im Jahr 450 wurden sie beide dann auch auf Weisung des Kaisers verheiratet. Damit aber war Honoria in ihrer verletzten Weiblichkeit gar nicht einverstanden. Sie war sich der schwankenden Beziehungen zwischen den Hunnen und dem Weströmischen Reich bewußt. Das ehemals freundschaftliche Verhältnis zwischen Aetius und den Hunnenkönigen hatte sich abgekühlt, zudem suchte Attila, der mit seinen Scharen nahezu jährlich die oströmischen Provinzen auf dem Balkan verheert und geplündert hatte, ein neues Beutegebiet. So kam Honoria der Gedanke, sich in ihrer Not an den Hunnenkönig um Hilfe zu wenden.

Attila, dessen Name eigentlich gotischer Herkunft ist und »Väterchen« bedeutet, war seit dem Jahr 434 König der Hunnen. Er regierte bis zum Jahr 445 zusammen mit seinem Bruder Bleda, den er im genannten Jahr ermordete. Das Hunnenreich erstreckte sich damals etwa vom Nordrand des Kaukasus bis hin zum Rhein und vereinte zahlreiche unterworfene Völkerschaften. Kernland seines Reiches war die ungarische Tiefebene. Vom Oströmischen Reich erpreßte er jährlich zu zahlende hohe Tribute, bis sich Ostrom seit 447 diesen Forderungen widersetzte.

Wenn die überlieferte Zahl auch sicher übertrieben ist, so war doch die Meinung verbreitet, die Hunnen könnten unter Attila ihren Feinden an die 500 000 Mann bewaffnet entgegenstellen. Dieser Mann war auf die Welt gekommen, um die ganze Erde zu erschüttern.[26] Er verbreitete Schrecken um sich.

Er war von kleiner Figur, besaß eine weite, kräftige Brust, einen stämmigen Kopf, seine Augen waren klein, sein Bart war nicht füllig, seine Haare waren weiß, seine Nase stumpf, seine Haut dunkel. In seiner ganzen Gestalt war er ein echter Vertreter seines Volkes.[27]

Es ging das Gerücht um, er würde das Schwert des Kriegsgottes Mars besitzen. Deshalb sei er unbesiegbar und durch dieses Schwert sei ihm die Herrschaft über die Welt zugesprochen worden. An diesen Hunnenkönig also wandte sich die Kaiserschwester Honoria in ihrem Trotz, wohl kaum ahnend, welche politische Entwicklung sie damit beflügelte. Sie sandte ihren Vertrauten, den Eunuchen Hyacinthus, zu Attila mit einer Botschaft, in der sie ihm Geld versprach, wenn er sich ihrer annahm, und als Beweis ihres guten Willens einen Ring. Aber die Sache wurde ruchbar; den Spitzeln Valentinians blieben die Absichten Honorias und die Reise des Hyacinthus nicht verborgen. Auf seiner Rückkehr nach Italien wurde er gefangengesetzt, und auf der Folter gestand er seine Mission. Das Geständnis half ihm nichts; er wurde anschließend hingerichtet.

Attila betrachtete diese Botschaft nach hunnischer Sitte als ein Angebot zur Heirat. Der Hof in Ravenna erlebte einen Zornesausbruch des Kaisers, wie man ihn selten gesehen hatte. Honoria wurde beschuldigt, nicht nur gegen ihren Bruder, sondern gegen das Reich konspiriert zu haben. Der Kaiser selbst verurteilte sie wegen Hochverrats zum Tode.

Da trat im letzten Jahr ihres Lebens Galla Placidia, die Mutter beider, noch einmal kraftvoll in Erscheinung. Sie beschwörte inständig ihren Sohn Valentinian, seiner Schwester zu verzeihen. Vielleicht erinnerte sie sich dabei auch an ihr eigenes Schicksal, als sie unter der familiären Bevormundung durch Serena und Stilicho von einem eigenen Leben ihrer Wahl ausgeschaltet war. Valentinian gab seiner Mutter nach, und infolge ihres Einspruchs wurde Honoria begnadigt. Der Rang einer Augusta wurde ihr allerdings genommen.

Honoria blieb unter Hausarrest gestellt. Der Hof befürchtete, sie könnte sich heimlich zu Attila begeben.

Dieser aber ließ die ganze Angelegenheit nicht auf sich beruhen. Er sandte in den Jahren 450 und 451 zwei Gesandtschaften an Kaiser Valentinian III. und ließ mitteilen, daß er sich durch den Ring der Honoria mit ihr als verlobt betrachte. Er forderte, ihren kaiserlichen Rang wiederherzustellen und sie nicht zu belästigen.

Seine Boten erhielten die Antwort, daß er Honoria unmöglich heiraten könne, da sie bereits eine Ehe eingegangen sei. Außerdem würden im Römischen Reich nur die Männer, nicht Frauen die kaiserliche Macht besitzen.

Attila gab sich mit dieser Antwort jedoch nicht zufrieden und forderte erneut die Freigabe und Auslieferung der Honoria an ihn, um die Ehe zu schließen. Außerdem verlangte er als Mitgift die Hälfte des Territoriums des Weströmischen Reiches. Sollte sich der Kaiser weiter weigern, ihm Honoria zu geben, drohte er mit Krieg. Valentinian III. lehnte wieder ab und widersprach erneut der geforderten Heirat.

Obwohl der Kaiser seinen obersten Heermeister Aetius nicht mochte, folgte er diesmal doch seinem Rat, dem Drängen Attilas nicht nachzugeben. Aetius vermutete wohl mit Recht, daß die Forderung Attilas in erster Linie gegen ihn und gegen seinen militärischen Oberbefehl gerichtet war. Schon Theodosius II., der oströmische Kaiser, hatte Attila auf dessen Verlangen zum Heermeister ernennen müssen, obwohl er damit den Einbrecher zum Gast, den Bock zum Gärtner machte. Und Valentinian sah wohl auch, daß ihm mit Attila ein noch unbequemerer und gefährlicherer Zeitgenosse und Schwager an die Seite gesetzt würde, als es Aetius schon war.

Es ist ungewiß, ob sich Attila erst wegen des Hilferufs der Honoria entschloß, seine künftigen Angriffe in erster Linie gegen das Weströmische Reich zu richten. Wahrscheinlich hätte es keiner solchen Botschaft der Kaiserschwester bedurft. In Konstantinopel war am 28. Juli 450 Kaiser Theodosius II. gestorben, und der am 25. August 450 proklamierte Nachfolger Marcian war ein energischerer und militärisch erfahrenerer Herrscher als Theodosius. Attila mußte also zukünftig bei seinen Aktionen auf dem Balkan von vornherein mit größeren Schwierigkeiten rechnen.

Dagegen hatte die weströmische Zentralgewalt mit zunehmenden politischen Problemen zu kämpfen. Trotz der Verlobung Hunerichs mit Eudocia war der Vandalenkönig Geiserich für Rom ein unsicherer Kantonist. Er war unzuverlässig, und man rechnete in Italien mit neuen Angriffen Geiserichs gegen Westrom. Die Westgoten hatten sich in großen Teilen Galliens und

Spaniens schon so weit etabliert, daß sie den Föderatenvertrag mit Ravenna nur noch als eine Formalität ansahen. In Rom war am 27. November 450 Kaiserin Galla Placidia gestorben, der starke Rückhalt Valentinians gegen die Ambitionen seines Heermeisters. Außerdem war Attila auch ein geschickter Diplomat, der sich mit Kräften darum bemühte, das ohnehin brüchige Bündnis zwischen Westgoten und Römern vollends zu Fall zu bringen. Er schrieb Briefe an den Westgotenkönig Theoderich I., sein bevorstehender Einfall in Gallien richte sich ausschließlich gegen die weströmische Herrschaft, nicht aber gegen die Westgoten. Andere Briefe sandte er nach Ravenna, in denen er das Gegenteil beschwor, sein Angriff würde sich nur gegen die Westgoten richten.

Tatsächlich schwankte der Westgotenkönig, ob er sich auf die Seite Westroms schlagen oder im bevorstehenden Kampf neutral verhalten sollte. Den vereinten Bemühungen und Überzeugungskünsten des Aetius und eines bei den Westgoten in hohem Ansehen stehenden gallo-römischen Adligen, des später nur kurze Zeit regierenden Kaisers Avitus, gelang es, Theoderich umzustimmen und ihn für die Auseinandersetzung mit Attila zu gewinnen. Zur gleichen Zeit herrschte bei den salischen Franken im Königshaus Streit um die Thronfolge. Zwei Brüder stritten sich; der jüngere Bruder, vermutlich Childerich, der Vater des später so berühmten und berüchtigten Königs Chlodwig, wandte sich an die Römer um Hilfe und fand bei Aetius Unterstützung. Der ältere Bruder dagegen bat Attila um Hilfe.

Attila ging in seinen Überlegungen gewiß davon aus, daß Gallien und Italien ihm und seinen Hunnen eine größere und umfassendere Beute boten als die schon von ihnen ausgezehrten Donauprovinzen. Im Frühjahr 451 hatte er seine Feldzugsvorbereitungen abgeschlossen und zog mit einem riesigen Heer von der oberen Donau nach Gallien. Unterwegs verpflichtete er unterworfene germanische Stammeskönige, ihm weitere Hilfstruppen zu stellen. Angeblich stand Attila eine halbe Million Bewaffneter zur Seite, darunter Gepiden, Ostgoten, Rugier, Heruler, Skiren, Teile der Franken. Auf römischer Seite kämpften ein beträchtliches Aufgebot der Westgoten, andere Teile der Franken,

Burgunder, Sachsen aus den Siedlungen an der Loire, Bauern und Hirten aus der Aremorica (Bretagne) und Alanen, die sich beim Durchzug ihres Volkes durch Gallien von der Masse des Stammes abgetrennt hatten und in Gallien geblieben waren.

Attila eroberte Metz, das er zum Teil zerstörte und näherte sich danach Orléans. Da es aber Aetius, der nur über geringe reguläre Truppen und seine eigene Leibgarde verfügte, mit Hilfe des Avitus gelungen war, den Westgotenkönig für sich zu gewinnen, eilten dieser Stadt römische und gotische Truppen zu Hilfe und befreiten sie von der hunnischen Belagerung. Die Hunnen wurden gezwungen, die Belagerung aufzugeben und sich in Richtung Nordosten zurückzuziehen. Dort kam es im Sommer 451 in der Champagne zu der denkwürdigen Schlacht auf den Katalaunischen Feldern, einem Gelände in der Gegend des heutigen Troyes oder auf einer Ebene nordöstlich von Châlons-sur-Marne. Das genaue Datum der Schlacht ist nicht bekannt. Leider fand sich auch kein zeitgenössischer Historiker, den Verlauf der Schlacht exakt zu überliefern.

Aetius hatte auf seinem linken Flügel die römischen Truppen postiert und im Zentrum die Kontingente der barbarischen Hilfstruppen aufgestellt. Die zahlenmäßig starken westgotischen Verbände standen auf dem rechten Flügel und führten von dort auch den Hauptstoß in der Schlacht gegen die Hunnen und deren Verbündete.

Die Verluste waren auf beiden Seiten sehr hoch. Die Schlacht endete unentschieden. Da aber die Römer und ihre Verbündeten ihre Stellungen behaupten konnten und Attila gezwungen war, das Schlachtfeld zu verlassen und aus Gallien abzuziehen, meldete Aetius dem Kaiser einen römischen Sieg. Die Westgoten betrauerten allerdings den Tod ihres Königs Theoderich I., der im Kampf gefallen war. Attila verlor während seines Rückzugs auch einen großen Teil seiner in Gallien gemachten Beute. Er blieb aber in der Lage, den Krieg weiterzuführen.

Im Sommer des folgenden Jahres 452 überfielen die Hunnen Italien. Sie eroberten und zerstörten Aquileia sowie eine Reihe anderer Städte im Norden der Halbinsel und nahmen auch Mailand und Pavia ein. Aetius verfügte über keine Armee, die ihren Vorstoß hätte stoppen können. Allerdings wurde die Situation auch für die Hunnen kritisch, eine Hungersnot breitete sich in den hunnischen Gebieten aus, Epidemien brachen aus. Dies erleichterte einer römischen Gesandtschaft mit Papst Leo I. (440 – 461) an der Spitze, Verhandlungen mit den Hunnen zu führen. In ihrem Ergebnis verließen die Eindringlinge Italien.

Im Jahr 453 starb plötzlich Attila. Während der Hochzeitsnacht mit einer gotischen Prinzessin starb er am Blutsturz. Im Streit seiner Söhne um die Nachfolge und in der Erhebung der von den Hunnen unterjochten Stämme zerfiel das Hunnenreich in den folgenden Jahren rasch.

Von Honoria erfahren wir dann in den Quellen nichts mehr. Es kann sein, daß Kaiser Valentinian III. sie nach dem Tod ihrer Mutter doch noch umbringen ließ. Es ist möglich, daß dies auch erst nach dem Tode Attilas geschah, als er den möglichen Rächer nicht mehr fürchten mußte. Im Jahr 452 hatte der ihr angetraute Gatte Herculanus das Amt des Konsuls inne; aber über Honoria wird in diesem Zusammenhang nichts berichtet. Sie war auch nicht unter den Geiseln, als im Jahr 455 Geiserich die Kaiserin Licinia Eudoxia mit ihren Töchtern Eudocia und Placidia aus Rom nach Karthago entführte. Als Schwägerin der Kaiserin wäre ihr Name wenigstens in einer Quelle mit genannt worden. Wahrscheinlich lebte sie zu dieser Zeit nicht mehr.

Galla Placidia blieb das Schicksal ihrer Tochter Honoria erspart. Dabei hätte es sich auch begeben können, daß ihre beiden kaiserlichen Brüder Honorius und Arcadius sie »zu Ehren der kaiserlichen Dynastie« zur Jungfräulichkeit verurteilt und ins Kloster geschickt hätten. Wie hätte sie sich in diesem Fall verhalten?

Honorias Leben war kein Einzelfall in der römischen Geschichte. Aus vorchristlicher Zeit kennen wir bereits die Vestalinnen in Rom. Sie waren ebenfalls zur Jungfräulichkeit verpflichtete, aus vornehmen römischen Familien stammende Dienerinnen der Göttin Vesta, die ihren Tempel in Rom am Fuß des Palatins auf dem Forum Romanum besaß. Ihnen oblag die Bewahrung des heiligen Herdfeuers im Tempel. Sie mußten sich zu dreißigjährigem Dienst der Göttin verpflichten und trugen den Ehrentitel »Heilige Jungfrauen«. Die Entscheidung darüber, ob sie

Vestalinnen wurden, trugen aber nicht die Mädchen, sondern ihre Eltern und der Pontifex Maximus, der höchste Staatspriester Roms. Auf Verlust ihrer Jungfräulichkeit stand die Strafe der lebendigen Einmauerung. So schlimm kam es zunächst bei Honoria nicht. Ihr Widerstand brachte ihr zeitweise Erfolg, kostete ihr dann aber wohl doch das Leben.

In einigen außerchristlichen religiösen Traditionen bestimmte die lebenslange Jungfräulichkeit auch das Leben von Gruppen oder einzelner Personen. Damit war zugleich die Ablehnung der Ehe und jeglicher sexueller Betätigung verbunden. Jungfräulichkeit fand sich als religiöse Idealvorstellung und Praxis auch im Buddhismus sowie in einigen griechischen philosophischen Strömungen. Die Bindung an die Welt sollte zugunsten einer größeren Freiheit im geistigen Leben, besonders einer geistigen Vereinigung mit einer Gottheit zurücktreten. Die jüdische Religion kannte keine Jungfräulichkeit auf Dauer. Im Christentum verbreitete sich diese Erscheinung seit dem 2. Jahrhundert unter Diakonissen und seit dem 3. Jahrhundert im Mönchtum.

DIE KATHOLISCHE KIRCHE IN DER ERSTEN HÄLFTE DES 5. JAHRHUNDERTS

Die Kaiserinnen und ihre Töchter widmeten einen großen Teil ihres Wirkens der katholischen Kirche. In der Durchsetzung einer konsequenten, oft auch unduldsamen Kirchenpolitik sahen sie eine vorrangige Aufgabe. Häufig stand hinter Gesetzen, die ihre kaiserlichen Gatten und Brüder zugunsten der katholischen Kirche erließen, die lenkende Hand ihrer Gattinnen und Schwestern. Kirchenpolitik war in jener Zeit ein wesentlicher Teil der Innenpolitik. Eine Trennung von Staat und Kirche gab es nicht. Religiöse Autoritäten, vor allem Mönche und die aus dem Mönchtum kamen, besaßen an den Kaiserhöfen – vor allem in Konstantinopel – einflußreiche Stellungen.

Wie aber war es mit der Kirche in dieser Zeit bestellt, welche Positionen vertrat sie zu den sozialen Problemen, zu den Einfällen der Barbaren, zu religiösen Auseinandersetzungen, die für die geistige Profilierung der katholischen Kirche von Bedeutung waren?

In den Städten und Dörfern des Reiches herrschte große Armut. Die Kluft zwischen arm und reich war unermeßlich. Viele Kirchenvertreter sorgten dafür, daß die Verbindungen der Kirche zu den sozial am niedrigsten stehenden Schichten durch Armenfürsorge, Krankenversorgung, Obdachlosenhilfe und Gefangenenbetreuung enger gestaltet wurde. Unter christlichem Einfluß wurde die körperliche Arbeit wieder höher geschätzt als früher. Ein neues christliches Menschenbild zeigte sich in der Ablehnung der Abtreibungen und Kindesaussetzungen sowie der Gladiatorenspiele. Unter Einfluß der Kirche begann sich eine ernstere

Ehe- und Familienauffassung zu entwickeln. Scharf nahm die Kirche auch gegen den Zinswucher Stellung. Spitäler, Waisenhäuser, Armen-, Fremden- und Altersheime wurden eingerichtet. Erste Ansätze einer Gefangenenfürsorge waren erkennbar. Man sammelte Lösegeld, um Gefangene freizukaufen. Bischöfe und andere Prediger nahmen in ihren Predigten für die Allerärmsten Partei.

Zu diesen hervorragenden »Kirchenvätern« gehörte Johannes Chrysostomos (um 350 – 407), dessen Stärke nicht in der Theologie, sondern in der Seelsorge und in der Gemeindepredigt lag. Von 398 bis 404 war er Bischof von Konstantinopel. Wegen seiner außerordentlichen Redebegabung wurde er Chrysostomos, d. h. Goldmund, genannt. Er kritisierte die erbärmliche Lage der Pachtbauern auf dem Land: »Wenn einer prüfen will, wie die Grundbesitzer mit den elenden und beklagenswerten Bauern umgehen, wird er sehen, daß die Landbesitzer grausamer als die Barbaren sind. Sie lassen die Bauern bei unzureichender Ernährung ihr ganzes Leben lang rackern und legen ihnen dabei noch ständige unerträgliche Zahlungen und mühevolle Dienste auf. Sie gebrauchen ihre Körper wie Esel und Maultiere, ja eher noch wie Steine, lassen sie nicht einen Augenblick verschnaufen, fordern von ihnen dasselbe, gleichgültig ob das Land Ertrag bringt oder nicht, und räumen ihnen keinen Nachlaß ein. Was ist wohl erbarmenswerter als das: Wenn sie den ganzen Winter hindurch gearbeitet haben und von Frost, Regen und Nachtwachen entkräftet sind, kehren sie mit leeren Händen heim, ja sogar als Bettler; doch mehr noch als vor dem Hunger und Mißerfolg haben sie Angst vor den Quälereien der Aufseher, vor ihren Schikanen, Forderungen und Zwangsmaßnahmen.«[28]

Die Sklaverei hielt er für überflüssig und die Freilassung von Sklaven für ein besonders gottgefälliges Werk: »Du hältst es für eine Schande«, kritisiert er einen reichen Sklavenbesitzer, »wenn du nicht viele Herden von Sklaven mit dir herumführst? ... Es ist nicht notwendig, einen Sklaven zu haben, und selbst wenn es notwendig wäre, dann wohl nur einen oder höchstens zwei. Was sollen die Schwärme von Sklaven? Wie Schafsverkäufer und Sklavenhändler, so ziehen die Reichen im Bad und auf dem Marktplatz umher. Gut, ich will nicht kleinlich sein. Du sollst meinetwegen einen zweiten Sklaven haben. Wenn du aber viele um dich versammelst, dann tust du das nicht aus Menschenliebe, sondern um damit zu prahlen. Wenn es dir nämlich um sie zu tun wäre, würdest du niemanden in deinem Dienst beschäftigen. Laß sie vielmehr, wenn du sie gekauft hast, handwerkliche Fertigkeiten erlernen, damit sie sich selbst ernähren können, und gib ihnen dann die Freiheit.«[29]

Der Bischof hat hier die Luxus- und Dienersklaven der Reichen im Auge, aber da in der Landwirtschaft und im städtischen Handwerk die Sklaverei eine immer geringer werdende Rolle einnahm, machte er sich zum Wortführer sozialer Veränderungen, die auf das Absterben der Sklaverei hinzielten und den Sklaven allmählich durch den abhängigen Freien ersetzten.

Aber mit seinen kritischen Predigten verschaffte er sich viele Feinde. Ostern 404 wurde er abgesetzt und mußte in die Verbannung gehen, wo er im Jahr 407 starb.

Er zerbrach auch an dem machtpolitischen Gegensatz zwischen den Bischofssitzen von Alexandria in Ägypten und Konstantinopel. Die Bischöfe von Alexandria kämpften mit allen unlauteren Mitteln darum, in der oströmischen Kirche die erste Geige zu spielen. In dieser Auseinandersetzung verhielt sich Johannes Chrysostomos äußerst undiplomatisch. »Er machte sich sowohl die Konstantinopler Aristokratie, vor allem die Kaiserin Eudoxia, zum Feinde, obgleich er selbst aus der Hocharistokratie stammte und ursprünglich die besten Verbindungen zu ihr hatte, als auch Teile von Klerus und Mönchen durch sein allzu herrisch empfundenes Auftreten. Politisches Geschick ging ihm ab. So mußte ihm sein mit Hartnäckigkeit verfolgter Versuch der moralischen Erneuerung von Klerus und Hof nur Feinde schaffen.«[30]

Er wurde in ein Netz von Intrigen verstrickt und war den Anklagen, die hinter seinem Rücken vorgebracht wurden, nicht gewachsen.

Noch schärfer äußerte sich der Presbyter Salvian von Massilia (um 400 – um 480) in seiner Schrift »Von der Regierung Gottes« (de gubernatione dei) über die katastrophalen sozialen Zustände in Gallien in der Mitte des 5. Jahrhunderts. Presbyter nannte man Gemeindeälteste, die in der Kirchenordnung den zweiten Platz nach dem Bischof einnahmen.

Salvian schrieb: »Unterdessen werden die Armen ausgeplündert, seufzen die Witwen, werden Waisen mit Füßen getreten; ja, es ist soweit gekommen, daß viele von ihnen, und zwar nicht solche aus niedrigem Geschlecht und mit guter Bildung, zu den Feinden fliehen, um nicht unter dem Druck der staatlichen Verfolgung zu sterben. Sie suchen bei den Barbaren die Menschlichkeit der Römer, weil sie bei den Römern die barbarische Unmenschlichkeit nicht ertragen können ... Deshalb wandern sie scharenweise entweder zu den Goten oder zu den Bagauden oder zu anderen Barbaren ... Denn lieber leben sie unter dem Schein der Gefangenschaft frei als unter dem Schein der Freiheit als Gefangene. Deswegen wird der Name des römischen Bürgers, der einst nicht nur hoch geschätzt, sondern auch um viel Geld gekauft wurde, jetzt aus freien Stücken verschmäht und gemieden, und er gilt nicht nur als geringwertig, sondern sogar fast als verabscheuenswert.«[31]

Salvian verteidigte auch die Sklaven, die durch Mißhandlungen ihrer Herren zur Flucht veranlaßt wurden. Während der Reiche alle Güter des Lebens im Überfluß habe, leide der Sklave Hunger. Obwohl Gesetze es verbieten, töten Reiche ihre Sklaven, ohne darin ein Verbrechen zu sehen. Der römische Staat sei entweder schon tot oder liege in den letzten Zügen, und dort, wo er noch zu leben scheine, sterbe er von den Fesseln der Abgaben wie von Räuberhänden gedrosselt dahin. Die Bauern fliehen zu den Feinden, um den Gewalttätigkeiten zu entgehen. Die Feinde wären milder gegen sie als die römischen Steuereintreiber.

In den Kämpfen zwischen Rom oder Konstantinopel mit den Stämmen der Völkerwanderung rief die Kirche nicht zur aktiven Verteidigung des bedrohten Reiches und zur Stärkung der Abwehrkraft gegen die Barbaren auf. Zwar gab es einzelne Bischöfe, die sich an die Spitze ihrer von Germanen oder Hunnen bedrängten Stadtbürger stellten. Aber inzwischen waren die West- und Ostgoten, Burgunder, Sueben, Vandalen, Alanen und andere Völker Christen geworden, allerdings nicht katholische, sondern arianische Christen; man sah in ihnen irregeleitete Glaubensbrüder. Die arianischen Christen – so genannt nach dem Begründer dieser Sonderkirche Arius (um 260 – 336) – unterschieden sich von den Katholiken durch ein anderes Verständnis vom Verhältnis zwischen Gott – Vater und Jesus, dem Sohn. Unter christlichem Einfluß begann sich das alte Denkschema Römer – Barbaren, das in den Nichtrömern Menschen zweiter Klasse und lediglich potentielle Sklaven und Kolonen sah, zu verändern. Die Trennungslinie ging nun mehr zwischen Christen und Nichtchristen als zwischen Römern und Barbaren. Insgesamt gewannen allmählich Ideen, die auf eine Verbindung der Kirche mit den Germanen zielten, die Oberhand. Kirchenvertreter betrachteten die Germaneneinfälle in das Römische Reich als eine schicksalhafte Fügung Gottes, um die Römer für ihre Sünden zu strafen. Sie sahen in den Stürmen der Völkerwanderungszeit eine einzigartige Gelegenheit, um die Kirchen mit den Barbaren vieler Völker zu füllen. So vollzog sich eine Abkehr vom traditionellen antiken Barbarenbegriff. Natürlich setzte sich diese neue Haltung gegenüber den Barbaren in der Kirche nicht sofort durch, nicht kontinuierlich und nicht widerspruchslos.

Die Kirche beschränkte sich nicht mehr auf die Verteidigung des unsicher und instabil gewordenen Gegebenen, sondern suchte eine Übereinkunft und wenn möglich ein Bündnis mit den christianisierten Germanen.

Oft ist die Beurteilung eines christlichen Repräsentanten im 5. Jahrhundert kompliziert, weil der Widerspruch zwischen Tradition und Fortschritt sein eigenes Denken durchzog. Augustin (354 – 430), der bedeutendste Kirchenvater der römisch – katholischen Kirche, der strikt konservativ und restaurativ eingestellt war, wenn man sein Verhältnis zu den Volksmassen beurteilt, schuf mit seinem Wirken und besonders mit seinem epochemachenden Werk »Über den Gottesstaat« (de civitate dei) für den westlichen Mittelmeerraum die theoretische Grundlage dafür, daß die christliche Kirche sich nicht nur an die werdende mittelalterliche Gesellschaft als anpassungsfähig erwies, sondern darüber hinaus diesen Prozeß selbst aktiv mitgestaltete.

Augustin wurde 354 in Thagaste in Numidien geboren, war Lehrer für Rhetorik in Karthago, Rom und Mailand. In Mailand lernte er Bischof Ambrosius kennen und trat zum Christentum über. Im Jahr 396 wurde er Bischof von Hippo Regius, einer Stadt an der numidischen Mittelmeerküste. Er starb 430 in seiner Bischofsstadt, als sie von den Vandalen belagert wurde. Für Augustin bestand nicht mehr die traditionelle Einteilung der Menschen in Römer und Barbaren, vielmehr gliederte er die Menschen in Heiden und Christen.

Er nahm dem Römischen Reich auch den Heiligenschein des ewigen Bestehens. Seit Jahrhunderten galt in Rom unangefochten die Meinung, der römische Staat sei ein Imperium »ohne Ende« (sine fine) und im Bündnis mit den Göttern sei Rom unüberwindbar. Inzwischen aber war dieses Gedankengebäude ins Wanken geraten. Augustin wies darauf hin, daß alles Irdische vergänglich sei und daß diesem Gesetz auch der irdische Staat unterworfen sei. Außerdem waren die Niederlage von 378 bei Adrianopel und die Eroberung Roms durch die Westgoten 410 nicht vergessen. Das Römische Reich wurde von Augustin verweltlicht und theologisch neutralisiert. Dem alt und morsch gewordenen Rom könne nur die Kirche die Erneuerung durch die Vereinigung mit Gott verheißen. Die Germanen waren für ihn Menschen, die genau so wie die Römer in die Erbsünde verstrickt waren; sie waren seiner Meinung nach nicht besser, aber auch nicht schlechter als jene.

Christliche Schriftsteller der ersten Hälfte des 5. Jahrhunderts riefen dazu auf, irdische Güter und äußeren Besitz zu mißachten. Man solle nicht über die verwüsteten Äcker klagen, die Güter dieser Welt solle man den Gottlosen und den Barbaren überlassen. Der Mensch dürfe nicht an dieser Welt hängen, sondern müsse sich aus ihren Fesseln lösen. Alle Güter dieser Welt hätten für einen wahrhaften Christen keinen Wert.

Damit wurde eine Stimmung erzeugt und begünstigt, die den Interessen des um seine Existenz kämpfenden römischen Staates entgegenstand. Das Unglück der Gegenwart wurde bagatellisiert. In diesem Sinn schrieb der christliche Historiker Orosius (Anfang des 5. Jahrhunderts), ein Schüler Augustins, in seinem »Geschichtswerk gegen die Heiden« (Historiae contra paganos), einem Abriß der Weltgeschichte in christlicher Interpretation: »Wenn die Barbaren nur zu diesem Zweck auf den Boden des Römischen Reiches geschickt worden wären, damit überall im Osten und im Westen die Kirchen Christi mit Hunnen, Sueben, Vandalen und Burgundern und unzähligen anderen Völkern von Gläubigen angefüllt würden, müßte man wohl die Barmherzigkeit Gottes loben und preisen, da so viele Völker – und sei dies auch mit der Erschütterung unseres Reiches verbunden – die Erkenntnis der Wahrheit empfangen würden, die sie gewiß nicht anders finden könnten als durch diese Gelegenheit.«[32]

Die Leiden der Generationen werden auf einen letzten Grund zurückgeführt, auf die Vorsehung Gottes, auf dem Weg über die Völkerwanderung und die Verheerungen einzelner Länder, allen Menschen das Heil zu bringen. In einer anonymen Schrift »Über die Bekehrung aller Völker« (de vocatione omnium gentium) hebt der Verfasser hervor: »Gerade die Waffen, die die Welt heute aufreiben, dienen dem Erfolg der Gnade des Christentums.«[33]

Bei einer solchen historischen Perspektive verlieren die römischen Niederlagen und die Eroberungen Roms 410 und 455 an Bedeutung. Die Kirche sagt ihren Gläubigen, daß sie von solchen Ereignissen nicht betroffen werden, da sie einer anderen Gemeinschaft angehören. Gerade sie als Unterlegene und Schwächere gehören der Gemeinschaft des Gottesstaates an, die immer da war und immer da sein wird. Wahre Christen sind glücklich in Armut, Schwachheit und Niedrigkeit. Es war der Kirche gelungen, die geistig aktivsten und kreativsten Persönlichkeiten für sich zu gewinnen. Es handelte sich um Herrscherpersönlichkeiten, die auch dem Kaiserthron alle Ehre gemacht hätten, während andererseits die tatsächlichen Inhaber der kaiserlichen Gewalt oft Kinder und Jugendliche waren und kaum noch ein politisches Profil besaßen.

Nach urchristlicher Konzeption konnte keine christliche Gemeinde den Vorrang vor einer anderen beanspruchen. Jeder Bischof war gegenüber anderen gleichberechtigt; alle trugen die gleiche Vollmacht und Autorität für ihre Gemeinde. Zwar erwarben im Laufe der Zeit einzelne christliche Gemeinden ein besonderes Ansehen, weil sie von Aposteln gegründet waren oder weil man ihnen solches zuschrieb. Andere waren hochgeachtet, weil sie in Zeiten der Verfolgung besonders standhaft geblieben oder in der Missionierung erfolgreich gewesen waren.

Wieder andere wurden durch die Ausbildung von Theologen berühmt.

Der Bischof von Rom besaß zwar eine Ehrenstellung, aber keinen Vorrang gegenüber anderen Bischöfen. Allerdings färbte die Stellung Roms als Hauptstadt des Reiches auch auf die Position des Bischofs ab; aber daraus konnte er für sich keine besonderen Autoritätsansprüche ableiten. Seit dem Ende des 2. Jahrhunderts bemühten sich einzelne römische Bischöfe, als besonders eifrige Verfechter und Bewahrer apostolischer Überlieferung und christlicher Tradition zu gelten. Aber noch das erste ökumenische Konzil von Nicaea im Jahr 325 erkannte dem römischen Bischof keine Stellung eines Oberhauptes der katholischen Kirche zu. Gewiß wurden ihm Privilegien zugestanden, aber ähnliche erhielten auch die Bischöfe von Alexandria in Ägypten und von Antiochia in Syrien.

Erstmals verwandte der römische Bischof Damasus (366 – 384) den Begriff des apostolischen Stuhls (sedes apostolica) im Jahr 378 begrenzt auf den römischen Bischofssitz. Allmählich wurde aus dem römischen Bischof das Oberhaupt der römisch-katholischen Kirche, der Papst, auch wenn seine Hegemoniebestrebungen immer noch nicht überall im Reich anerkannt wurden. Als das zweite ökumenische Konzil von Konstantinopel im Jahr 381 die Bischofssitze von Rom und Konstantinopel, der neuen Hauptstadt des Reichs, gleichsetzte, protestierte Damasus heftig dagegen und begründete seinen Einspruch mit dem Hinweis auf die Einzigartigkeit des römischen Bischofssitzes, der von Petrus gegründet sei. Petrus sei von Jesus selbst zum »Felsen« bestimmt worden, auf dem dann die Kirche errichtet wurde. Wie die Kirche insgesamt als Leib (corpus) angesehen wurde, galt der Bischof von Rom als ihr Haupt (caput ecclesiae). Kaiser Gratian (375 – 383) bestätigte, daß der Bischof von Rom als höchste Instanz für die Kirchen des westlichen Reichsteils gelten sollte. Unter der Leitung des römischen Bischofs begann sich auch eine innerkirchliche Gerichtsbarkeit zu entwickeln. Die Kirchen des östlichen Reichsteils beugten sich jedoch diesem Machtanspruch des römischen Bischofs nicht.

Mit dem Nachfolger des Damasus, Bischof Siricius (384 – 399), setzten die ersten päpstlichen Dekretalen ein. Die Dekretale ist

114

DIE KATHOLISCHE KIRCHE IN DER ERSTEN HÄLFTE DES 5. JAHRHUNDERTS

Holztür des Hauptportals von Santa Sabina in Rom (linke Seite)
mit alt- und neutestamentlichen Bilderzyklen, um 430.
Ausschnitt mit Mosesszenen und Akklamation (rechte Seite)

Ausschnitt mit Kreuzigungsszene auf der Tür von Santa Sabina

eine in Briefform gehaltene Weisung, Verfügung, ein päpstlicher Befehl. Die Antwort des römischen Bischofs auf eine ihm vorgetragene strittige Frage kam einer richterlichen Entscheidung gleich und setzte kirchliches Recht. Insofern ahmte sie das kaiserliche Reskript nach. Wer den Dekretalen, die an Bischöfe Italiens, Galliens, Spaniens und Nordafrikas versandt wurden, nicht folgte, schloß sich selbst aus der Kirche aus.

In den folgenden Jahrzehnten suchten die römischen Bischöfe ihr Einflußgebiet mit wechselndem Erfolg auch nach Osten auszudehnen. Kaiser Valentinian III. erkannte im Jahr 445 durch kaiserliches Gesetz die Stellung des Bischofs von Rom als Oberhaupt der katholischen Kirche an, – freilich galt auch dies nur für das von ihm geleitete Weströmische Reich: »Keine unerlaubte Handlung darf die Autorität des apostolischen Stuhls beeinträchtigen; denn der Frieden der Kirchen wird überall nur dadurch bewahrt, wenn die gesamte Kirche ihren Herrn anerkennt ... Wir verfügen, daß es sowohl den Bischöfen Galliens als auch der anderen Provinzen nicht gestattet sein soll, den überlieferten Regeln zuwider zu handeln, ohne dazu vom Papst der Ewigen Stadt autorisiert zu sein. Aber wenn die Autorität des Apostolischen Stuhls eine Veränderung sanktioniert hat, dann soll diese Regel dann für alle als Gesetz gelten ... Zuwiderhandlungen sollen mit einer Strafe von zehn Pfund Gold bestraft werden.«[34]

Kaiser Theodosius II. übertrug dies Gesetz jedoch nicht auf das Oströmische Reich. Damit war der Papst von der kaiserlichen Zustimmung unabhängig geworden. Papst Leo I. (440 – 461) formulierte schließlich zum ersten Mal den Papsttitel als »Stellvertreter des Petrus«.

Innenraum der Basilika Santa Maria Maggiore in Rom

Der weströmische Kaiser wurde für den Papst immer bedeutungsloser. Seit dem Jahr 453 hatten die Päpste einen Gesandten (Apokrisiar) am Hof des oströmischen Kaisers in Konstantinopel.

Im 5. Jahrhundert spitzte sich die Auseinandersetzung um Stabilisierung, Fortschritt und Restauration auf religiöse Fragen zu. Das neue religiös und kirchlich bestimmte Weltbild des europäischen Mittelalters begann sich durchzusetzen.

Im Weströmischen Reich stärkte sich die bischöfliche Gewalt in dem Maße, wie die zivile Gewalt einschließlich der kaiserlichen an Einfluß verlor. Es bedurfte keiner besonderen Gesetze, die den Bischof immer stärker an die Spitze einer staatliche Funktionen ausübenden Verwaltung stellten, weil die eigentlich dafür vorgesehenen Amtsträger dazu immer weniger in der Lage waren. Grundlagen dafür hatte bereits Kaiser Konstantin I. gelegt, der mit seiner Kirchenpolitik die Autorität des Bischofs gestärkt hatte. Waren die Bischofsämter bis in das 4. Jahrhundert vor allem von Angehörigen der städtischen Oberschichten besetzt worden, so bewarben sich im 5. Jahrhundert zunehmend Vertreter der Großgrundbesitzeraristokratie um ein bischöfliches Amt. Durch Landschenkungen stärkte sich die wirtschaftliche Lage der Kirche. Die Bischöfe sorgten sich auch um die Beilegung politischer Streitfragen unter den Stadtbürgern. Manchmal traten sie auch an die Spitze der Verteidiger ihrer von Germanen angegriffenen Städte.

Die Kirche erkannte zwar dem Kaiser als Hüter der Kirche eine göttliche Inspiration zu, aber der Kaiser stand innerhalb der Kirche, er war kein »Bischof von außen«, wie sich Konstantin I. gesehen hatte. Eine Szene der Pforte der spätantiken Kirche Sta. Sabina in Rom zeigt, wie der Kaiser die Welt regiert. Aber hinter ihm steht als unmittelbarer Berater Christus selbst, der dem Kaiser seinen Willen ins Ohr flüstert. Die Darstellung gehört in die Mitte des 5. Jahrhunderts, in die Zeit des Pontifikats Leos I. Die Kirche verchristlichte die Idee vom ewigen Rom. Sie bewirkte kraft ihrer Märtyrerapostel Petrus und Paulus die Erneuerung Roms. So begann sich die römische Kirche allmählich vom untergehenden Weströmischen Reich zu lösen.

In diesem Sinne schrieb Papst Leo I. an den oströmischen

Kaiser Marcian: »Obgleich du die Herrschaft deines Reiches durch zahlreiche Siege über Länder und Meere ausgedehnt hast, so reicht doch all diese kriegerische Mühe, der du dich unterzogen hast, nicht an das heran, was der christliche Frieden erreicht hat.«[35] Die aktive Verbindung kaiserlicher und kirchlicher Politik, wie sie von Kaisern des 4. Jahrhunderts gehandhabt wurde, fand unter den weströmischen Kaisern des 5. Jahrhunderts nicht ihre Fortsetzung, sondern nur unter den oströmischen Kaisern. Der politischen und kulturgeschichtlichen Entwicklung im Oströmischen Reich entsprach die dortige dem Kaiser untergeordnete Kirche. Der Patriarch von Konstantinopel erreichte in der gesamten Geschichte des Oströmischen Reiches, nun auch Byzanz genannt, niemals die Stellung des Papstes in Rom.

Die Menschen suchten in ihrer Erlösung durch Christus einen Ausweg. Sie sahen, daß sie nicht mehr nach den antiken Idealen leben konnten; aber sie wußten auch nicht, wohin die Entwicklung gehen würde. Heftig, unerbittlich und brutal bis zur physischen Vernichtung der Andersdenkenden wurden die Auseinandersetzungen geführt. Besonders in Ägypten wurden sie von militanten Mönchsgruppen terrorisiert. Politische, soziale und theologische Fragen waren nahezu unauflöslich miteinander verbunden. Konzilsbeschlüsse konnten die Probleme nicht lösen, haben im Gegenteil zu ihrer Verschärfung beigetragen. Im 7. Jahrhundert schließlich zerbrach die Einheit des christlichen Glaubens, der christlichen Welt.

Das vierte ökumenische Konzil von Chalkedon im Jahr 451 bestätigte die Glaubensformeln von Nicaea (325) und von Konstantinopel (381). Es wurde vom Kaiser Marcian mit tatkräftiger Unterstützung der Kaiserin Pulcheria einberufen, nicht vom Papst oder vom Patriarchen von Konstantinopel. Das Konzil ergänzte aber die früheren Formeln in einem wesentlichen Punkt: In bezug auf das Wesen Jesu wurde die Einheit der Person Jesu mit Gott in der Zweiheit der Naturen Jesu, einer menschlichen und einer göttlichen, beschlossen und verkündet. Damit beschäftigte man sich mit einer der strittigsten Fragen jener Zeit, löste sie aber nicht. Unter kaiserlichem Druck zustande gekommene Mehrheitsbeschlüsse vermochten nicht zu klären, ob Jesus ein oder zwei Naturen habe, ob Maria nur die menschliche Natur Jesu oder auch die göttliche geboren habe usw. In der folgenden Zeit lebten sich die kirchlichen Auffassungen und Strömungen weiter auseinander. Neben der vorherrschenden Kirche, die die Zweinaturenlehre vertrat, entstanden mehrere monophysitische Kirchen, die die Einnaturlehre verkündeten (von griechisch monos = eins), in Ägypten, Äthiopien und Syrien. Andere Kirchen, die sich sowohl von Konstantinopel als auch von Alexandria lösten, entwickelten sich in Ostsyrien, in Armenien und in Georgien.

In dieser an politischen Wechselfällen so reichen Zeit verhieß nur die Kirche Stabilität, Erneuerung und zugleich Kontinuität. West- und Ostgoten, Burgunder, Vandalen und andere germanische Völker suchten im arianischen Christentum eine Stütze ihrer entstehenden Königsmacht und die Bewahrung ihrer ethnischen Identität. Aber die zentralisierte, disziplinierte und besser organisierte katholische Kirche bot dafür günstigere Bedingungen. Neue theologische Ideen wurden seit dem Wirken Augustins und Leos I. nicht mehr entwickelt. Die Zeit der Kirchenväter war zu Ende gegangen. Das, was sich in den dogmatischen und christologischen Streitigkeiten durchgesetzt hatte, galt es nun zu sichern und zu bewahren.

Unerbittlich kämpften Kaiser und Bischöfe gegen jene, die sich von Auffassungen trennten, die man als Reinheit des Glaubens ansah. Es gab nichts Schlimmeres, als ein Ketzer zu sein: »Den Ketzern soll kein geistliches Amt und keine Möglichkeit offenstehen, den Wahnwitz ihres hartnäckigen Gemütes auszusprechen ... Alle Ketzer sollen von verbotenen Zusammenkünften abgehalten und der Name des einen und höchsten Gottes soll überall gefeiert werden.«[36] Die Kirchen jedoch, die den »wahren Glauben« verbreiteten, wurden gefördert: »Wir begehren, daß die Vorrechte, die die früheren Kaiser durch allgemeine Gesetze allen hochheiligen Kirchen des wahren Glaubens verliehen haben, fest und unverbrüchlich bewahrt werden. Wir wollen auch, daß alle kaiserlichen Gesetze, die durch Bitten, Gunst oder Fürsprache gegen die kirchlichen Verordnungen erwirkt wurden, ihre Kraft und Wirkung verlieren und aufhören sollen.«[37]

Frauen waren nach wie vor von höheren geistlichen Ämtern ausgeschlossen, sie konnten nicht Bischof werden. Das Amt des Diakonats stand der Frau offen, aber: »Nur diejenige Frau, die schon das 60. Lebensjahr überschritten hat, darf nach der Vorschrift des Apostels in die Gemeinschaft der Diakonissen aufgenommen werden.«[38] Dann war sie wohl für ihre männlichen Kollegen keine Gefahr mehr. Doch die Kaiser Honorius und Theodosius II. wußten von der Willensschwäche männlicher Kirchenleute gegenüber dem weiblichen Geschlecht: »Alle, die irgendeine Stufe des Priesterstandes erreicht haben oder die ein geistliches Amt bekleiden, sollen wissen, daß ihnen die Gemeinschaft mit fremden Frauen untersagt ist. Es ist ihnen nur gestattet, Mütter, Töchter und Schwestern in ihre Wohnung aufzunehmen, weil hinsichtlich dieser Personen wegen des natürlichen Bandes an ein entehrendes Vergehen gar nicht zu denken ist.«[39] Damit bei den gottesfürchtigen Herren gar kein Irrtum aufkommen konnte, wen sie vor sich haben, erging folgendes Gesetz: »Schauspielerinnen und die durch öffentliche Schaustellungen ihr Brot Verdienenden dürfen sich der den gottgeweihten Jungfrauen eigentümlichen Kleidung nicht öffentlich bedienen.«[40]

Besondere Strafen hatten die zu erwarten, die die Kirche verließen, um wieder Heiden zu werden: »Zu allen Zeiten soll es einem jeden freistehen, diejenigen zu verfolgen, die in schändlicher Weise von der christlichen Kirche abtrünnig geworden sind. Die Untersuchung eines solchen Verbrechens soll an keine Zeit gebunden sein.«[41] Oder: »Derjenige, der einen Sklaven mit Gewalt oder sträflichem Zureden vom christlichen Glauben abtrünnig gemacht und zum Übertritt zu einer ketzerischen Sekte verleitet hat, soll außer dem Verlust seiner Güter mit dem Tode bestraft werden.«[42] Nicht besser erging es einem, der von der christlichen Religion zum jüdischen Glauben überging: »Verläßt ein Mitglied der christlichen Kirche dieselbe und wird Jude, schließt er sich den Zusammenkünften der Ungläubigen an und erweist sich die gegen ihn erhobene Anklage als wahr, so sollen alle seine Güter dem Fiskus anheimfallen.«[43]

Die Ehe zwischen Juden und Christen war grundsätzlich verboten: »Kein Jude darf eine christliche Frau zur Ehe nehmen und kein Christ darf sich mit einer Jüdin verheiraten.«[44]

Als besonders schweres Verbrechen galt die Beschneidung eines christlichen Kindes durch Juden: »Diejenigen Juden, denen nachgewiesen wird, Angehörige unseres Glaubens beschnitten oder den Auftrag zur Beschneidung derselben erteilt zu haben, werden mit der Konfiskation ihrer Güter und mit immerwährender Verbannung bestraft.«[45] Juden durften auch keine christlichen Sklaven besitzen: »Kein Jude darf einen christlichen Sklaven durch Kauf, Schenkung oder durch ein anderes Geschäft erwerben. Besitzt ein Jude dennoch einen christlichen Sklaven oder überläßt er ihn aus irgendeinem Grunde zum Besitz einer Sekte oder einem anderen Volk oder beschneidet denselben, so wird er nicht nur mit dem Verlust des Sklaven selbst, sondern auch mit dem Tode bestraft; der Sklave aber wird zur Entschädigung mit der Freiheit belohnt. «[46]

Zukunftsdeutung, in früherer Zeit allgemein üblich und verbreitet, war nun ein schweres Vergehen. Es war nämlich vorgekommen, daß Weissager sich mit dem Leben des Kaisers beschäftigten, um sein baldiges Ende vorauszusagen: »Kein Sterblicher möge es wagen, aus der Untersuchung der Leber und der Eingeweide Hoffnungen zu schöpfen oder, was noch schlimmer ist, künftige Erlebnisse durch frevelhaftes Befragen des Schicksals zu erfahren. Die härteste und peinlichste Strafe erwartet denjenigen, der entgegen diesem Verbot versucht, die Wahrheit über künftige oder gegenwärtige Dinge zu erforschen.«[47]

Eine schwerwiegende, wichtige, aber bis in die Rechtswirksamkeit der Gegenwart umstrittene Entscheidung traf Kaiser Theodosius II. mit einem Gesetz, das die Anwendung kaiserlicher Gesetze und Erlasse auf vergangene Dinge nachdrücklich verbot: »Es unterliegt keinem Zweifel, daß Gesetze und Konstitutionen nur die Norm für künftige Geschäfte darstellen, aber nicht auf vergangene Angelegenheiten angewendet werden dürfen, wenn nicht darin ausdrücklich etwas über die Vergangenheit oder über noch anhängige Sachen bestimmt wird.«[48]

Kirchenasyl und Schutz derer, die zu den Statuen der Kaiser geflohen sind, sollten unmißverständlich bewahrt bleiben: »Wir verordnen aus Andacht und Glaubenseifer, daß es niemand erlaubt ist, diejenigen, die sich in die Kirche geflüchtet haben, denselben zu entreißen. Wir fügen hinzu, wer sich gewagt hat, diesem Gesetz entgegenzuhandeln, soll als Majestätsverbrecher bestraft werden.«[49] Und: »Diejenigen, die sich um einer Gefahr zu entgehen oder um sich dem Haß anderer zu entziehen, zu den Statuen der Kaiser geflüchtet haben, sollen bei triftigen Gründen, die jene Handlung erforderlich machten, durch Recht und Gesetz geschützt werden. Diejenigen aber, denen nachgewiesen wird, daß sie durch Arglist die Mißgunst ihrer Feinde haben erregen wollen, sind dem Strafurteil zu unterwerfen.«[50]

Ein interessantes Gesetz, das das Prestige der zu Geldstrafen Verurteilten behandelte, wurde schon zu Beginn des 3. Jahrhunderts erlassen: »Eine Geldstrafe hat keinen nachteiligen Einfluß auf die bürgerliche Ehre.«[51] Der Inhalt des Gesetzes wird verständlich, wenn man berücksichtigt, daß Geldstrafen im wesentlichen die Angehörigen der Oberschichten trafen, während für die gleichen Vergehen Angehörige der Unterschichten mit der Verschickung ins Bergwerk oder mit dem Tode bestraft wurden. Es gab im Römischen Reich in der Kaiserzeit kein einheitlich angewendetes Strafrecht.

Das im deutschen Mittelalter rezipierte römische Recht blieb bis zum Inkrafttreten des Preußischen Landrechts 1794, des Sächsischen Bürgerlichen Gesetzbuches 1863 und im Gebiet des Deutschen Reiches insgesamt bis zum Inkrafttreten des Deutschen Bürgerlichen Gesetzbuches (BGB) am 1. Januar 1900 in Geltung.[52]

Wie haben aber nun die damaligen Kaiserinnen ihren Einfluß auf die Kirchenpolitik des Reiches ausgeübt und in welchem Maße? Im Grunde war das Verhältnis zwischen ihnen und der Kirche ähnlich wie das Verhältnis zwischen willenstarken Bischöfen und den Kaisern. In der politischen Schwäche des Kaisertums erstarkten die Bischöfe. Schwächere Päpste in Rom und Bischöfe in der Kaiserresidenz erlaubten es den Kaiserinnen, ihren Einfluß stärker zur Geltung zu bringen. Unter einem so bedeutsamen Papst wie Leo I. waren ihnen natürlich mehr die Flügel gestutzt. Anders im Oströmischen Reich: Hier behielt der Kaiser die Oberhand über die Kirche. Auf die Kirchenpolitik der Kaiserinnen Aelia Eudoxia, Aelia Eudocia und Pulcheria kommen wir noch zurück.

Eine Möglichkeit, die Kirchenpolitik zu beeinflussen, ergab sich für Galla Placidia und ihren Gatten Constantius am Jahresende 418 und in den folgenden Monaten. Am 26. Dezember 418 war Papst Zosimos gestorben, der sich gegenüber Augustin und anderen nordafrikanischen Bischöfen in ihrem Glaubenseifer nicht sehr entgegenkommend gezeigt hatte. Zosimos hatte sich bemüht, in religiösen Streitigkeiten zu vermitteln, gründlich zu untersuchen und zu prüfen, um schließlich ausgleichend zu entscheiden. Das war nicht Sache der nordafrikanischen Bischöfe, die mit heißem Herzen und Ungeduld Entscheidungen suchten, von denen sie meinten, daß sie für die gesamte Kirche wichtig seien.

In Rom kam es nach dem Tod von Zosimos zu einer Doppelwahl des Bischofs. Die Mehrheit des Klerus wählte den Erzdiakon Eulalius als neuen Bischof von Rom, und die Gemeinde unterstützte ihn mit Akklamation. Einen Tag darauf wählten andere Priester den Bonifatius, einen Berater des Vorgängers von Papst Zosimos, Innocentius (401 – 417), zum Bischof von Rom. Aurelius Anicius Symmachus, der Stadtpräfekt von Rom, teilte umgehend diesen Vorgang dem Kaiser Honorius mit und befürwortete die Wahl des Eulalius, da er als erster zum Bischof von Rom gewählt worden sei. Schon am 3. Januar 419 teilte Honorius in seiner Antwort mit, daß er Eulalius als rechtmäßigen Bischof anerkenne. Bonifatius und seine Anhänger weigerten sich, sich dieser Entscheidung zu fügen. Es kam zu Straßenkämpfen zwischen beiden Gruppen. Die Anhänger des Bonifatius führten darauf Klage gegen Eulalius vor dem Kaiser; die Wahl des Eulalius habe nicht der geforderten Form entsprochen und der Stadtpräfekt keinen wahrheitsgetreuen Bericht geliefert. Honorius setzte fest, daß bis zu seiner endgültigen Entscheidung beide Bischöfe die Stadt Rom zu verlassen hätten.

In dieser Situation wurde Galla Placidia aktiv. Sie schrieb einen Brief an die nordafrikanischen Bischöfe, ihren Bruder Honorius unterstützend, der sie zu einer Synode nach Italien eingeladen hatte. Einen zweiten Brief richtete sie an den damals populären und hoch geschätzten Bischof Paulinus von Nola in Campanien. In diesen Briefen kommt ihr Wille zum Ausdruck, als

*Romulus Augustus (475-476),
der letzte weströmische Kaiser*

Schwester des Kaisers Mitverantwortung zu tragen und für rechtmäßige Entscheidungen der Kirche zu sorgen.

Eulalius glaubte sich seiner Sache sicher; er wartete die endgültige Entscheidung des Kaisers nicht ab und kehrte eigenmächtig nach Rom zurück, um die Ostermesse zu zelebrieren. Der Stadtpräfekt verwies ihn aus Rom, aber Eulalius gehorchte nicht. Wieder kam es zu Straßenkämpfen. Nun war es indessen dem Kaiser und auch der Galla Placidia zu viel, die vor allem das Prinzip law and order in der Kirche verfocht. Eulalius wurde gefangen gesetzt und aus Rom verbannt und Bonifatius vom Kaiser als Bischof von Rom eingesetzt (418 – 422). Eulalius hatte jedoch seine Sympathie beim Klerus und in der römischen Gemeinde nicht verloren. Als Bonifatius 422 starb, forderten sie Eulalius' Rückkehr nach Rom; dieser lehnte aber ab und starb ein Jahr darauf.

Honorius hatte zunächst Eulalius als Bischof favorisiert. Dann lehnte er beide Kandidaten ab. Galla Placidia unterstützte Bonifatius, der sich schließlich durchsetzen konnte.

Im Jahr 421 kam es zu einem Ereignis, das wiederum das aktive Eintreten Galla Placidias für das orthodoxe Christentum beweist. Ein Magier und Wundertäter namens Libanius trat in Ravenna auf und behauptete, er könne gegen die Barbaren Krieg führen, ohne dafür Soldaten zu brauchen. Er wäre auch bereit, ein Zeichen seiner Macht zu geben. Constantius III. zeigte sich an den Diensten dieses Mannes sehr interessiert. Wütend benachrichtigte Galla Placidia ihren Gatten, daß sie sich von ihm scheiden lassen würde, wenn er nicht diesen Mann, der nach ihrer Meinung offensichtlich mit dem Teufel im Bunde stand, hinrichten lassen würde. Constantius entsprach ihrem Wunsch, und der Mann wurde hingerichtet.

Galla Placidia ließ heidnische Bauwerke und Statuen vernichten. Den Verwalter ihrer Güter in Sizilien wies sie an, eine heidnische Statue bei Rhegium an der Stiefelspitze Italiens, die von der örtlichen Bevölkerung hoch verehrt wurde, umzustürzen. In ihrem Auftrag ließ der Verwalter des kaiserlichen Vermögens in Nordafrika im Jahr 421 auch den großen und berühmten Tempel der altkarthagischen Himmelsgöttin Tanit in Karthago zerstören. Das Tempelgebiet wurde in einen Friedhof umgewandelt.

Sie unterstützte im Jahr 425 den umstrittenen Bischof von Arelate (Arles) in Südfrankreich, der schon von ihrem Gatten als Bischof eingesetzt worden war. Dieser, obwohl ein Bischof und dem Papst verpflichtet, empfing von der Kaiserin den Auftrag, Ketzer und Häretiker in seinem Amtsbereich zu verfolgen. Den gleichen Befehl erhielten von ihr im gleichen Jahr die kaiserlichen Behörden in Rom und in Nordafrika.

Von 432 bis 440 war Xystus III. Bischof von Rom. Er wurde um 433/434 von Bassus, Konsul des Jahres 431 und Prätorianerpräfekt Italiens, angeklagt. Die genauen Umstände der Anklage sind nicht bekannt. Galla Placidia ließ im Namen ihres noch unmündigen Sohnes eine Synode von Bischöfen einberufen, die den Papst von den Anschuldigungen freisprach. Dagegen wurde der Ankläger verurteilt.

Das schon erwähnte Gesetz von 426 (Anmerkung 37) ging auf ihre Initiative zurück. Darin hatte sie auch verfügt, daß Juden, die zum Christentum übergetreten waren, nicht von ihren Eltern oder Großeltern enterbt werden durften.

Gesetz und Recht waren für Galla Placidia oberste Instanz. In einem Gesetz von 429 band sie auch die kaiserlichen Entscheidungen und Verfügungen an die gesetzliche Norm. Auch der Kaiser stehe unter dem Gesetz und dürfe sich nicht darüber hinwegsetzen.[53]

Bis zu ihrem Lebensende hatte Galla Placidia enge persönliche Beziehungen zu verschiedenen kirchlichen Autoritäten, wie zum Bischof Germanus von Auxerre in Gallien und zum Bischof Peter Chrysologus von Ravenna. Der Bischof von Ravenna bezeichnete sie in einer Predigt als Mutter des ewigen, glaubenstreuen und christlichen Römischen Reiches.[54] Und er verglich sie mit der heiligen Dreifaltigkeit, da sie eine kaiserliche Dreifaltigkeit verkörpere; sie hatte nämlich den Kaiser Valentinian III. geboren, Kaiser Constantius III. geheiratet und war selbst eine Augusta, eine Kaiserin. Die katholische Kirche identifizierte er mit dem irdischen Reich Christi, das die Vertreibung der Tyrannen, die Befreiung des Vaterlandes, die Erneuerung der Welt und die Rückkehr der Freiheit in Aussicht stellt. Papst Caelestin I. (422–432) hatte erklärt, daß echter Dienst für den Staat nur der Gottesdienst wäre.

Kirche des Evangelisten Johannes in Ravenna, nach 426

»Mausoleum« der Galla Placidia in Ravenna

Kuppelmosaik des »Mausoleums« der Galla Placidia

Inneres des »Mausoleums« der Galla Placidia in Ravenna

Ganz in diesem Sinne schrieb Galla Placidia an die Kaiserschwester Pulcheria in Konstantinopel, daß Gott die Welt dem Römischen Reich anvertraut habe, damit sie wohl geleitet und gerettet werde.[55] Damit bekannte sich Galla Placidia zu der Anschauung, daß Gottesdienst und Staatsdienst identisch sind.

Bekannt wurde ihre Bautätigkeit in Ravenna. Hier ließ sie die Kirche des Evangelisten Johannes (San Giovanni Evangelista) und die Kirche des Heiligen Kreuzes (Santa Croce) errichten. Der Vorhalle dieser Kirche war ein kleiner kreuzförmiger Bau vorgelagert, der zunächst als ihr Mausoleum vorgesehen war. Sie wurde jedoch in Rom in einem der Mausoleen im Petersdom begraben.

Auch ihre Schwiegertochter Licinia Eudoxia tat sich mit einem Kirchenbau in Rom hervor. Um 439/440 stiftete sie die Kirche San Pietro in Vincoli, deren ursprünglicher Name Basilica Eudoxiana hieß. Wie ihre Mutter verehrte sie sehr Papst Leo I. Dieser wandte sich um 449/450 mit der Bitte an sie, bei ihrem Vater Theodosius II. für den abgesetzten Bischof Flavianus von Konstantinopel Fürsprache einzulegen. Das tat sie dann auch. Aber die Intervention Leos blieb zunächst erfolglos. Erst nach dem Tod Theodosius II. wurde Flavianus rehabilitiert. Doch war dieser inzwischen auch schon gestorben.

AELIA EUDOCIA, DIE PHILOSOPHENTOCHTER AUF DEM KAISERTHRON

Konstantinopel, heute Istanbul, zählte zu den schönsten und bedeutendsten Städten der Spätantike im Mittelmeerraum. Ihre Vorgängerin Byzantion wurde bereits um 660 v. Chr. von Kolonisten der griechischen Stadt Megara gegründet. Kaiser Konstantin I. ließ die Stadt seit 324 ausbauen und befestigen und erhob sie am 11. Mai 330 unter dem Namen Konstantinupolis zur neuen Hauptstadt des Reiches. Als »Zweites Rom« oder »Neues Rom« wurde sie wie das alte Rom in sieben Hügel, dann in 14 Regionen eingeteilt. Staatliche Einrichtungen der alten Hauptstadt wurden bis ins einzelne nachgeahmt. Nach dem Tode von Kaiser Theodosius I. im Jahr 395 wurde Konstantinopel Hauptstadt des Oströmischen Reiches, sie wurde erweitert und erhielt unter Theodosius II. eine stark befestigte Landmauer. Die Einwohnerzahl der Stadt wird auf etwa 500 000 geschätzt.

Die Mauer war als dreifacher Verteidigungsring angelegt und verfügte über 96 Türme. Auch zur Seeseite hin war die Stadt befestigt. Die Seemauer am Goldenen Horn besaß 110 Wachtürme, und die Seemauer am Marmarameer wurde mit 188 Türmen gesichert. Vier Häfen unterstrichen die wirtschaftliche und militärische Bedeutung der Stadt. Riesige unterirdische und offene Zisternen sorgten für die Wasserversorgung der Bevölkerung, falls bei einer Belagerung der Aquädukt unterbrochen wurde. Eine unterirdische Zisterne wurde mit 336 acht Meter hohen Säulen gestützt und in einer anderen unterirdischen Zisterne stützten

Ausschnitt des gewaltigen Mauergürtels von Konstantinopel mit propyläenartigem Torbau

224 aus übereinander gestellten Schäften errichtete Säulen von 12,4 Meter Höhe das Gewölbe.

Unter den 14 Regionen der Stadt fielen den Besuchern besonders die ersten beiden auf. In der ersten Region befanden sich die Kaiserpaläste, die Anlage für die Pferde- und Wagenrennen (Hippodrom), die von Kaiser Arcadius errichteten Thermen und 15 private Bäder. Ein Aufseher, 25 Feuerwächter und 25 Nachtwächter sorgten für die Ordnung in dieser Region. In der zweiten Region hatten vor allem Theater, Amphitheater, weitere Badeanlagen, Vorgängerbauten der später so berühmten Kirchen wie der Hagia Sophia (532 – 537 errichtet) und der Hagia Eirene (nach 740 erbaut) und der Senat von Konstantinopel ihren Platz. Insgesamt gab es in der Stadt zur Zeit von Theodosius II. 5 Paläste, 14 Kirchen, 6 Häuser adliger Damen, 8 Thermen, 2 Basiliken, 4 große freie Plätze, 2 Senatsgebäude, 5 Speicherhäuser, 2 Theater, 2 Amphitheater, einen Hippodrom, 4 Zisternen, 322

Wohnblocks, 4 388 Häuser, 52 Säulenhallen, 153 private Bäder, 20 staatliche und 120 private Bäckereien, 117 Treppenanlagen und 5 Fleischmärkte.[56]

Kunstwerke aus allen Teilen der östlichen Mittelmeerwelt zierten die Stadt, wobei viele heidnische Götterdarstellungen und Weihgeschenke aus Tempeln nun als »normale« Kunstwerke in öffentlichen und privaten Parks und Hallen aufgestellt wurden. Leider wurden fast alle diese Kunstwerke während der militärischen Auseinandersetzungen zwischen den Kaisern Zenon und Basiliskos im Jahr 476 zerstört. »So wurde Konstantinopel zum Friedhof der antiken Kunst.«[57]

Die Hauptstadt des Oströmischen (Byzantinischen) Reiches überdauerte die antike Epoche und konnte sich – abgesehen von Feuersbrünsten und Erdbeben – unerobert bis zum Jahr 1203 entwickeln. 1203 und 1204 eroberten die Kreuzfahrer Konstantinopel, die dort von 1204 bis 1261 das Lateinische Kaiserreich errichteten. Die Eroberung der Stadt am 29.5.1453 durch die Osmanen bedeutete dann zugleich auch das Ende des Oströmischen Reiches. Die Stadt war nach dem Tode von Theodosius I. die Wirkungsstätte mehrerer energischer, kluger, intrigierender, attraktiver schöner Frauen, die ihren Männern in der Innen-, Kirchen- und Personalpolitik weitgehend vorschrieben, was sie zu tun hätten.

Beginnen wollen wir mit der Kaiserin Aelia Eudoxia. Ihr Geburtsdatum ist nicht bekannt. Sie war die Tochter des weströmischen Heermeisters Bauto, fränkischer Abkunft, der dieses Amt von 380 bis 385 inne hatte. Ihr Bruder war Arbogast, von 388 bis 394 höchster Heermeister des Reiches. Sie war eine Frau von besonderer Schönheit, wie der Geschichtsschreiber Zosimos überliefert.[58]

Es war das Ergebnis eines Machtkampfes rivalisierender Gruppen am oströmischen Kaiserhof, daß Aelia Eudoxia als Gattin des jungen Kaisers Arcadius ausersehen wurde. Eigentlich wollte Rufinus, der in Konstantinopel damals eine ähnliche politische Stellung wie Stilicho im Westreich besaß, seine Tochter mit Arcadius verehelichen. Doch Eutropius, Eunuch und erster Kam-

Aelia Eudoxia, Gattin des Kaisers Arcadius, Goldmünze

Christusmonogramm auf der Rückseite einer Goldmünze der Aelia Eudoxia

merherr des Kaisers, besaß soviel Einfluß auf den Kaiser, um die wachsende Machtfülle des Rufinus zu verhindern. Eutropius vermittelte die Bekanntschaft des Kaisers mit Eudoxia. Vielleicht war sie auch hübscher als die Tochter des Rufinus. Jedenfalls entschied sich Arcadius für die Tochter des Bauto. Die Hochzeit fand am 27. April 395 statt.

Aelia Eudoxia wird als eine energische Dame geschildert. Sie betrieb vor allem eine aktive Kirchenpolitik. Ihre fränkische Herkunft suchte sie vergessen zu machen, indem sie am Hofe die antigermanische Gruppierung unterstützte, die sich ähnlich wie in Ravenna in den Jahren 401/402 mit Mord und Totschlag durchsetzte.

Arcadius und Aelia Eudoxia führten eine fruchtbare Ehe. Am 17. Juni 397 wurde die Tochter Flaccilla geboren, am 19. Januar 399 die später so berühmte Pulcheria. Am 3. April 400 folgte die Tochter Arcadia, am 10. April 401 der sehnlichst erwartete Sohn Theodosius, als Theodosius II. Nachfolger seines Vaters im kaiserlichen Amt. Am 10. Februar 403 gebar die Kaiserin die Tochter Marina. Am 6. Oktober 404 starb Aelia Eudoxia an einer Fehlgeburt.

Der Hofklatsch machte auch vor dieser Kaiserin nicht halt. Oder war es gar kein Hofklatsch? Allgemein galt in Konstantinopel als sicher, daß ein gewisser Johannes ihr Liebhaber war. Das Gerücht behauptete sogar, sie habe von diesem Johannes den Sohn Theodosius empfangen, da Arcadius stets nur Mädchen zeuge. Besagter Johannes gehörte in den Jahren 399 und 400 zu den führenden Persönlichkeiten in der Regierung Ostroms und war ein vertrauter Berater des Arcadius. Durch die Fürsprache der Kaiserin bekleidete er im Jahr 404 das Amt des Finanzministers in Konstantinopel.

Am 9. Januar 400 wurde Aelia Eudoxia in den Rang einer Augusta erhoben. Ganz anders als sein Vater war Arcadius eine schwache Herrscherpersönlichkeit. Zufrieden damit, daß seine Gattin den Hof besser repräsentierte als er, überließ er ihr weite Bereiche der Innen- und der Religionspolitik. Im Jahr 399 stürzte sie den Kammerherrn, Konsul und Patrizius Eutropius, der ihre Ehe mit Arcadius vermittelt hatte. Eutropius hatte sich den Zorn der Kaiserin zugezogen, als er Ausschreitungen von Mönchen verfolgte, die bei der Kaiserin in Ansehen standen. Am Hofe war sie ein besonderes Monument, und wer beim Kaiser etwas erreichen wollte, tat gut, erst bei der Kaiserin vorzusprechen. Seit sie den Augusta-Titel besaß, galt sie als die eigentliche Herrscherin.

Um ihre Gunst buhlten Eunuchen und Hofdamen, die um ihren Einfluß bei der Kaiserin eiferten, darunter vorzüglich der

Eunuch und Kammerdiener der Kaiserin, Amantius, der sie zu energischem Vorgehen gegen die Heiden veranlaßte. In diesem Sinne setzte sie im Jahr 401 durch, daß heidnische Tempel in Gaza in Palästina geschlossen wurden. Dann waren da die kaiserlichen Hofdamen Marsa, Castricia und Eugraphia. Marsa war eine reiche Witwe und im Jahr 404 eine führende Opponentin am Hof gegen den ungeliebten Bischof Johannes Chrysostomos. Sie bestärkte die Kaiserin in ihren Vorhaben gegen den Bischof. Auch Castricia war eine wohlhabende Witwe in der Gunst Eudoxias und haßte Johannes Chrysostomos ebenfalls. Diesem Witwenkreis gehörte auch Eugraphia an. Diese drei waren von Johannes Chrysostomos in seinen Predigten öfters wegen ihrer ausschweifenden Lebensführung und ihres negativen Einflusses auf die Kaiserin angegriffen und bloßgestellt worden, was sie ihm durch ständiges Anschwärzen und Anfeinden am Hofe heimzahlten.

Während der Kaiser zu einer großartigen Palastfigur erhoben wurde und Zeremonie und Protokoll immer zunehmende Bedeutung erhielten, führte die Kaiserin die Geschäfte. Im Geschmack der Macht war sie auch Bestechungen zugänglich. Man sagte ihr Habsucht nach, sie habe auch Unschuldige verurteilen lassen. Es ist verständlich, daß der Bischof Johannes Chrysostomos ihr ihre Lebensart vorwarf. In seinen Predigten machte er zwar mehr die drei Hofdamen zur Zielscheibe seiner Kritik, aber jeder wußte, daß auch die Kaiserin gemeint war.

Aelia Eudoxia war dem orthodoxen Christentum sehr ergeben. Nach der Zerstörung des heidnischen Tempels in Gaza ließ sie dort eine prächtige Kirche errichten. Anfänglich gab es zwischen ihr und dem Bischof der Stadt ein gutes Einvernehmen. Als er ihr aber seit 401 Vorhaltungen wegen räuberischer Gier und lasterhafter Lebensführung machte, wurden die Spannungen zwischen beiden immer größer. Sie hatte sich rechtswidrig ein Grundstück angeeignet, was Johannes Chrysostomos ihr vorwarf. Das Zerwürfnis zwischen Kaiserin und Bischof nützte Theophilos, Bischof von Alexandria, aus, der nun von Aelia Eudoxia favorisiert wurde.

Johannes Chrysostomos stammte aus der kirchlichen Schule von Antiochia in Syrien, und zwischen Bischöfen von Antiochia und Alexandria hatte es schon öfters Streitigkeiten um den Vorrang gegeben. Theophilos, von 385 bis zu seinem Tod 412 Patriarch von Alexandria, war ein typischer Vertreter der machthungrigen alexandrinischen Bischöfe, die den Führungsanspruch der alexandrinischen Kirche in Ostrom mit allen Mitteln durchsetzen wollten. Mit geschickter Diplomatie und kaiserlicher Zustimmung betrieb er die Absetzung und Verbannung des Johannes Chrysostomos. Dieser weigerte sich, die Absetzung hinzunehmen; das einfache Volk der Hauptstadt stand auf der Seite seines Bischofs. Es kam zu Aufruhr und Unruhen in der Stadt. Ehrlich und aufrichtig, doch so undiplomatisch wie nur möglich, hielt er aufreizende Predigten gegen die ganze Kaiserfamilie. Im Jahr 404 wurde er erneut aus der Hauptstadt verbannt. Noch im armenischen Exil verglich er die Kaiserin mit zweifelhaften Frauengestalten des Alten und Neuen Testaments, die Propheten des wahren Glaubens verfolgt hatten. Am 14. September 407 starb er in der Verbannung. Er hatte die Kaiserin, die bereits am 6. Oktober 404 gestorben war, um drei Jahre überlebt. Aelia Eudoxia wurde in Konstantinopel in der Apostelkirche beigesetzt. Dort fand auch ihr Gatte Kaiser Arcadius im Jahr 408 seine letzte Ruhestätte.

Ihre älteste Tochter Flaccilla muß schon im Kindesalter gestorben sein; jedenfalls wurde sie nicht mehr unter den Kindern genannt, die ihren Vater Arcadius überlebt hatten. Tochter Arcadia folgte dem Beispiel ihrer Schwester Pulcheria, nicht zu heiraten und ihr Leben in religiöser Hingabe zu verbringen. Sie starb im Jahr 444. Die Tochter Marina folgte dem gleichen Vorbild, heiratete nicht und lebte im kaiserlichen Palast wie in einem Kloster und starb am 3. August 449.

An Energie und Ausstrahlungskraft reichten alle diese Töchter aber nicht an Pulcheria heran.

Doch wenden wir uns zunächst dem Lebensweg der schönen Athenais zu, die als Gattin des Kaisers Theodosius II. den Namen Aelia Eudocia annahm.

Athenais war eine Bürgerin aus Athen, ihr Vater der Philosoph und Rhetor Leontius. Sie hatte im elterlichen Hause eine ausgezeichnete Bildung bekommen. Zwischen 415 und 420 besaß Leontios den Lehrstuhl für Sophistik an der Universität von Athen. Leontios war mit dem Historiker Olympiodor befreundet,

Aelia Eudocia, vorher Athenais,
Gattin des Kaisers Theodosius II., Goldmünze

der ihn auch für diese Berufung vorgeschlagen hatte. Athenais gehörte an der Universität zu den Schülerinnen ihres Vaters.

Philosophierende Frauen waren damals keine Seltenheit. Am bekanntesten um die Wende vom 4. zum 5. Jahrhundert war Hypatia, die in Alexandria in neuplatonischer Philosophie und in Mathematik eine Berühmtheit war. Sie war die Tochter des Mathematikers und Astronomen Theon von Alexandria und Leiterin der dortigen neuplatonischen Schule. Im Musaion von Alexandria hielt sie philosophische Vorlesungen. Im Gegensatz zu Athenais nahm das Schicksal Hypatias einen anderen Verlauf. Da sie sich nicht zum Christentum bekehren lassen wollte, geschah ein schauerlicher Mord. Von Mönchen aufgehetzt wurde sie im Jahr 415 vom christlichen städtischen Pöbel gesteinigt und zerstückelt. Bischof Kyrillos von Alexandria war an dieser Greueltat moralisch der Hauptschuldige. Nach Hypatias Ermordung erlosch die Mathematikschule in Alexandria.

Leontius hinterließ, als er 420 starb, außer Athenais auch zwei Söhne, die sich um das reiche väterliche Vermögen stritten. Die Brüder gedachten den erblichen Anteil ihrer Schwester so gering wie möglich zu halten. Athenais wehrte sich und reiste nach Konstantinopel, wo ein Bruder ihres Vaters lebte, den sie um Unter-

Porträt einer Dame (Kaiserin Eudocia?)

stützung in dem nun beginnenden Rechtsstreit bat. In diesem Augenblick erwies sich der historische Zufall als ein Glücksbringer für Athenais, deren Schönheit gerühmt wurde. Ihr Onkel war der Freund eines gewissen Paulinus, dessen Vater wiederum war Kommandant der kaiserlichen Garde (comes domesticorum) in Konstantinopel. Paulinus und der kleine Kaiser Theodosius II. waren im Palast zusammen aufgewachsen und eng befreundet.

Dieser Paulinus also sah Athenais und berichtete der Kaiserschwester Pulcheria, die nach einer Gattin für ihren Bruder Theodosius Ausschau hielt, von ihrer Schönheit und von ihrer Bildung. So wurde sie dem damals 19 Jahre alten Kaiser vorgestellt und hinterließ einen tiefen Eindruck auf ihn. Vor allem aber gelangten Pulcheria und Paulinus zu der Überzeugung, daß sie eine würdige Braut für Theodosius wäre.

Aber Athenais war noch keine Christin, sondern wie ihr Vater Anhängerin der neuplatonischen Philosophie. Doch der Kaiserpalast war ihr eine Messe wert: Sie ließ sich taufen und nahm nun den schon genannten Namen Aelia Eudocia an. Am 7. Juni 421 fand die Hochzeit statt.

Aus der Ehe gingen drei Kinder hervor, zuerst die Tochter Licinia Eudoxia, die später Kaiser Valentinian III., den Sohn Galla Placidias heiratete; dann die Tochter Flaccilla, die noch als Kind im Jahr 431 starb, sowie der Sohn Arcadius, der inschriftlich nur aus der Zeit nach 439 erwähnt wird und wahrscheinlich ebenfalls noch als Säugling starb.

Aelia Eudocia betätigte sich auch als Dichterin und feierte in Versen römische Siege über die Perser, die Ostrom in den Jahren 421 und 422 erfochten hatte. Von diesen Versen ist nichts erhalten. Am 2. Januar 423 erhielt sie den Titel einer Augusta und war damit rangmäßig der Pulcheria gleichgestellt. In den ersten Jahren ihrer Ehe gestaltete sich ihr Verhältnis zu Pulcheria freundlich. Bald aber kam es zwischen ihnen zu Spannungen und Auseinandersetzungen, denn Pulcheria wollte ihren bis dahin beherrschenden Einfluß auf den Kaiser nicht mit Aelia Eudocia teilen. Theodosius liebte die Jagd, Regierungsgeschäften ging er aus dem Wege; lieber überließ er sie seiner Schwester und führenden Hofbeamten, Präfekten und Kanzlern. Auch von Eunuchen, die hohe Hofämter bekleideten, wie die Stelle eines Erzkämmerers, ließ er sich in der Politik leiten.

Dagegen besaßen die großen Heermeister im Oströmischen Reich nicht solchen beherrschenden Einfluß wie etwa Stilicho, Constantius, Aetius und Ricimer im Westreich. Theodosius war der Kirche untertan. Der Palast war eher ein Kloster als ein Regierungsgebäude. Morgens konnte das Volk der ersten Region der Stadt den Kaiser im Chor mit seiner Familie und den Höflingen geistliche Hymnen singen hören. Zweimal wöchentlich wurde gefastet.

Obwohl sich Aelia Eudocia ohne Vorbehalte zum Christentum bekannte, wird sie womöglich aufgrund ihrer offenen philosophischen Erziehung an solchen religiösen Übertreibungen kein besonderes Interesse gehabt haben. Jedenfalls veranlaßte sie ihren Mann, in Athen ein neues großartiges Universitätsgebäude zu errichten. Im Jahr 425 regte sie ihn an, ein Universitätsgesetz für die Hochschule von Konstantinopel zu verfassen.[59] Für die lateinische Rhetorik wurden drei, für die griechische Rhetorik fünf Professuren eingerichtet; zehn weitere waren für die lateinische und zehn für die griechische Grammatik vorgesehen. Demgegenüber war die Philosophie nur mit einer Professur besetzt und die Rechtswissenschaft mit zwei.

Bis etwa 439 oder 440 konnte sie einen gewissen Einfluß auf ihren Gatten bewahren, immer bedrängt von der Kaiserschwester Pulcheria. Zum strengen kirchlichen Reglement im Palast suchte sie einen Ausgleich, indem sie Kontakte zu gebildeten Persönlichkeiten am Hofe knüpfte und sie nach Kräften förderte. Zu diesen gehörte der schon erwähnte Paulinus, der gemeinsam mit Pulcheria die Ehe mit dem Kaiser vermittelt hatte. Nach der Eheschließung begann für Paulinus eine steile Karriere, die im Jahr 430 mit seiner Ernennung zum Kanzler des Reichs ihren Höhepunkt fand. Aber wie es häufig vorkommt, verfolgten die Hofschranzen die Verbindung der Kaiserin mit Paulinus mit Neugier und Neid. Die Klatschsucht kannte keine Grenzen, dem Kaiser wurde Mögliches und Unmögliches hinterbracht. Schließlich regte sich auch bei Theodosius der Verdacht, Paulinus sei wohl doch mehr als ein Mann, mit dem sich die Kaiserin über Kunst, Philosophie und Literatur unterhielt. Er wurde verdächtigt, Eudocias Liebhaber zu sein und im Jahr 440 oder 443 – die Datierung ist nicht eindeutig – abgesetzt, nach Kappadokien in Kleinasien verbannt und im dortigen Caesarea hingerichtet.

Ähnlich, wenn auch nicht mit solch schlimmen Ausgang, erging es dem Flavius Cyrus, einem gebürtigen Ägypter aus Panopolis in der Thebais. Er verfaßte epische Dichtungen, die noch im 6. Jahrhundert bewundert wurden. Mit seinen griechischen literarischen Interessen zog er die Aufmerksamkeit der Kaiserin auf sich, die ihn in seiner Ämterlaufbahn begünstigte. Von 426 bis 441 bekleidete er mehrere hohe Ämter, war Stadtpräfekt von Konstantinopel und Prätorianerpräfekt des Ostens, erhielt den Rang eines Patrizius und war im Jahr 441 Konsul. Er erhob das Griechische im Oströmischen Reich zur Gerichtssprache, führte eine Straßenbeleuchtung in der Hauptstadt ein, ließ mehrere öffentliche Bauten errichten und die Stadtbefestigung reparieren und war Bauherr von Kirchen und öffentlichen Bädern. Durch diese und andere Aktivitäten gewann er in der Bürgerschaft der Hauptstadt solche Popularität, daß der Kaiser um sein eigenes Ansehen fürchtete. Aelia Eudocia hielt zwar ihre schützende Hand über ihn, aber ihre Vertrauten waren etwa seit 440 dem Argwohn und dem Mißtrauen des Kaisers ausgeliefert, als seine Ehe mit Eudocia mehr und mehr auf ein formelles Nebeneinanderleben hinauslief. Cyrus wurde im Jahr 441 aus allen seinen Ämtern entlassen und im Jahr 443 als Bischof in die unbedeutende Stadt Kotyaion im kleinasiatischen Phrygien abgeschoben. Doch auch in seinem Exil war er nicht vor Nachstellungen sicher. Er wurde beschuldigt, heidnische Ansichten in seinem Bereich geduldet und selbst vertreten zu haben. Nach einigen Quellen soll er in seinem Bischofssitz auch gestorben sein, nach anderen habe ihn Kaiser Marcian nach dem Tode von Theodosius II. rehabilitiert.

Aelia Eudocia suchte der höfischen Enge und Überwachung ihrer Schritte zu entfliehen. So unternahm sie im Jahr 439 eine Pilgerreise nach Jerusalem.

In Konstantinopel war sie mit einer besonders frommen, reichen und gebildeten Dame namens Melania aus der Familie der Valerier bekannt geworden. Diese Melania hatte ihr gesamtes

Vermögen der Kirche und den Armen gestiftet, außerdem viel Geld für die Auslösung von Kriegsgefangenen ausgegeben. Aus ihren Gütern in Italien, Britannien, Spanien und Nordafrika bezog sie ein Jahreseinkommen in Höhe von 120 000 Solidi; das waren Goldstücke im Gewicht von 1600 Pfund Gold! Seit dem Jahr 417 lebte sie in Palästina, hatte in Jerusalem ein Kloster gegründet und führte ein äußerst asketisches Leben. Im Jahr 437 reiste sie nach Konstantinopel an das Krankenbett ihres Onkels und bekehrte ihn, der bislang konsequent ein Heide geblieben war, zum Christentum. Dennoch starb der Onkel wenige Stunden später, nachdem er die Taufe empfangen hatte.

Mit dieser Melania wurde die Kaiserin bekannt, und sie schlossen Freundschaft miteinander. Als Eudocia im Jahr 439 zu ihrer Pilgerfahrt aufbrach, wurde sie von Melania, die wieder nach Jerusalem zurückkehren wollte, begleitet. Sie starb allerdings bereits am 31. Dezember desselben Jahres in Jerusalem.

Eudocia war auch in freier Rede begabt. Auf der Durchreise nach Palästina hielt sie in Antiochia vor der Bürgerschaft eine Rede, wofür ihr zum Dank dort eine Statue aufgestellt wurde. In Jerusalem und in anderen Orten übergab sie den Kirchen reiche Geschenke. Auf ihrer Rückreise brachte sie die Reliquien des Stephanus nach Konstantinopel. Stephanus war ein Mitglied der Jerusalemer urchristlichen Gemeinde gewesen, der in der Auseinandersetzung über die Fortgeltung des jüdischen Gesetzes in der christlichen Urgemeinde von erregten Juden gesteinigt worden war.

Indessen hatte sich in Konstantinopel die Lage der Kaiserin durch den Sturz ihrer Vertrauten noch verschlechtert. Ständig wurde gegen sie intrigiert. Müde der Streitigkeiten und Vorhaltungen kapitulierte sie vor der Übermacht des Hofes und zog im Jahr 443 erneut nach Jerusalem, nun aber für den Rest des Lebens bis zu ihrem Tode am 20. Oktober 460.

Die ständige Übersiedlung nach Jerusalem erfolgte mit Zustimmung ihres Gatten, andernfalls hätte er ihr den Augustatitel abgesprochen, den sie so bis zu ihrem Tode weiter tragen durfte. In Jerusalem aber umgab sie sich mit Freunden aus Klerikerkreisen, die zur orthodoxen Religionspolitik Konstantinopels in

Opposition standen. Die beiderseitigen Anfeindungen spitzten sich bald derart zu, daß der Kaiser im Jahr 444, sicher von Pulcheria angestiftet, seinen Vertrauten und Chef der kaiserlichen Garde (comes domesticorum) Saturninus nach Jerusalem entsandte, um zwei Mönche im Dienste der Kaiserin zu ermorden. Der Anschlag gelang, und Severus und Johannes, die beiden Mönche, kamen ums Leben. Nun lernen wir aber Aelia Eudocia von einer Seite kennen, die man bei ihr bisher nicht vermuten konnte. Unmittelbar nach dem Überfall rächte sie die beiden und erschlug eigenhändig den Mörder Saturninus. Wenn dieses Ereignis nicht von dem Zeitgenossen Priskos und dem ernst zu nehmenden lateinischen Chronisten Marcellinus Comes überliefert worden wäre, könnte man eine Horrorgeschichte annehmen, in die Welt gesetzt, um der Kaiserin zu schaden.[60]

In Jerusalem betätigte sie sich auch wieder als Dichterin. Sie verfaßte in acht Büchern eine in Versen gekleidete Paraphrase von Teilen des Alten Testaments; das ist eine erklärende und erweiternde Umschreibung des Textes. Davon ist nichts erhalten. Außerdem schrieb sie ein Gedicht über das Märtyrertum Cyprians, eines karthagischen Bischofs von 248 bis 258, der in einer Christenverfolgung umkam. Weiter dichtete sie aus Homerversen die damals beliebten Centones, das waren Gedichte, die aus einzelnen Versen oder Versteilen aus Freude am künstlerischen Spiel zusammengesetzt wurden. Besonders die Verse Homers und Vergils wurden für die Centones verwendet.

Der ihr nun völlig entfremdete Kaiser machte ihr über ihren sehr großzügigen Haushalt Vorhaltungen. Sie gründete Klöster, war Bauherrin von Kirchen und Krankenhäusern, ließ die Befestigung Jerusalems erweitern und erneuern.

Ohne asketische Übertreibungen war sie eine fromme Christin. Die Auseinandersetzungen am kaiserlichen Hof, schließlich ihre Vertreibung in das selbst gewählte Exil nach Jerusalem hinterließen ihre Spuren in den Gefühlen der Kaiserin. Sie konnte kirchenpolitisch ihren Gatten und Pulcheria ärgern und schaden, wenn sie in das Lager beider Gegner überging. Und das tat sie auch. Als im Jahr 451 das vierte ökumenische Konzil in Chalkedon die orthodoxe Lehre mit der Zweinaturenlehre Jesu verband, unterstützte sie die geistliche Opposition, die die Einnaturenlehre Jesu (Monophysiten) vertrat. Monophysitische Mönche, die von Aelia Eudocia beschützt wurden, besetzten Jerusalem und konnten erst nach militärischem Einsatz von Truppen wieder hinausgedrängt werden. Papst Leo I. richtete im Jahr 453 einen Brief an sie, um sie umzustimmen, aber ohne Erfolg. Ein Gesinnungswandel zur Orthodoxie Konstantinopels setzte erst nach 455 ein, als ihre Tochter Licinia Eudoxia und ihre beiden Enkelinnen Eudocia (die Jüngere) und Placidia von Geiserich aus Rom nach Karthago verschleppt wurden. Da lebten aber auch die nicht mehr, die sie vom Kaiserhof vertrieben hatten: Theodosius II. war 450, Pulcheria war 453 gestorben.

Nach ihrem Tode im Jahr 460 wurde Aelia Eudocia in der Stephanuskirche in Jerusalem beigesetzt.

PULCHERIA, DIE JUNGFRÄULICHE KAISERIN

Es bleibt noch, die berühmte Kaisertochter, Kaiserschwester und schließlich Kaiserin Aelia Pulcheria darzustellen.

Sie wurde am 19. Januar 399 geboren und war zwei Jahre älter als ihr Bruder Theodosius, der spätere Kaiser. Als ihre Mutter Aelia Eudoxia starb, war sie fünf Jahre, als ihr Vater Arcadius starb, war sie neun Jahre alt. Sie war ein aufgewecktes, energisches und geistig früh entwickeltes Mädchen, von der berichtet wird, daß sie nach dem Tode ihrer Eltern bereits die Erziehung und Führung ihres kleineren kaiserlichen Bruders übernahm. Der wiederum vergalt es ihr, indem er sie, die gerade 15 Jahre alt war, im Jahr 414 zur Augusta erhob.

In diesem Alter war sie bereits die entscheidende Persönlichkeit am Kaiserhof. Bisher führende Staatsmänner mußten sich ihr beugen. Leicht arbeitete sie sich in Verwaltungsangelegenheiten der Staatsgeschäfte ein und beherrschte sie. Sie besaß eigentlich alles, was ihrem Bruder fehlte und ihrem Vater gefehlt hatte: eine überdurchschnittliche Begabung, leichte Auffassungsgabe, Energie, um einmal gefaßte Entschlüsse auch durchzusetzen, Bescheidenheit, sich trotz ihrer Dominanz am Kaiserhof immer hinter ihren Bruder zu stellen und nie die Kaiserin herauszukehren, obwohl sie es in Wirklichkeit war.

Es gab in jener Zeit eine Möglichkeit für Frauen, ein soziales Prestige aufzubauen, um schon zu Lebzeiten Ruhm, Ehre und Anerkennung zu erwerben, nämlich ein Gelübde der lebenslänglichen Ehelosigkeit und Jungfernschaft zu leisten – und dieses dann auch einzuhalten. Dazu mußte man am Hofe als Kaiserin in

Pulcheria, Schwester des Kaisers Theodosius II. und Gattin des Kaisers Marcian, Goldmünze

völliger Zurückgezogenheit leben, denn argwöhnisch und lüstern überwachten Eunuchen, Hofdamen und andere Klatschbasen ihren Lebensstil. Man mußte bei solchem Gelübde nicht unbedingt als Nonne in ein Kloster gehen; aber man mußte aus seiner häuslichen Umgebung ein Kloster machen, und so verfuhr Aelia Pulcheria dann auch. Sie überredete ihre Schwestern Arcadia und Marina, die sich auch sonst willig von ihrer Schwester führen ließen, ihrem Beispiel zu folgen. Beide Schwestern starben einige Jahre vor ihr, und so gab es für rund drei Jahrzehnte eine heilige jungfräuliche Dreifaltigkeit am Kaiserhof in Konstantinopel. Neben dem Kaiser sollte kein anderer Mann die kaiserliche Familie erweitern. Als äußeres Zeichen ihres Gelübdes auf ewige Jungfrauenschaft weihten sie in der Apostelkirche in Konstantinopel einen prächtigen Altar aus Gold und Edelsteinen.

Sie suchte aber nicht nur sich, sondern die ganze römische Welt moralisch zu verbessern. Auf ihre Veranlassung hin erließ Theodosius II. im Jahr 415 – er war erst 14 Jahre alt – ein Gesetz, wonach Witwen die Wiederverheiratung mit dem Bruder und Witwern die Eheschließung mit der Schwester des verstorbenen Ehepartners verboten wurde.[61]

Im vorangegangenen Kapitel wurde schon hervorgehoben, daß Pulcheria ihrem Bruder Athenais Aelia Eudocia als Gattin empfohlen hatte. Diese ließ sich jedoch nicht so gängeln wie die eigenen Schwestern, und das höfische Leben war nicht mehr so ungetrübt wie früher.

Weben und Handarbeiten wurden die Tätigkeit auch der kaiserlichen Frauen im Palast. Priester und Kirchen erhielten reiche Zuwendungen.

Pulcheria hatte sich auch eine überdurchschnittliche literarische Bildung angeeignet, Lateinisch wie Griechisch beherrschte sie mündlich und schriftlich. Sie sorgte dafür, daß auch ihr Bruder eine entsprechende Erziehung genoß.

Große Bedeutung am Hofe erhielten Zeremoniell und Etikette. Sie steigerten die Entfremdung des Herrschers vom Volk und hoben ihn in eine gottähnliche Sphäre. Der Einfluß Pulcherias auf den Bruder blieb auch in den folgenden Jahren gewahrt. Theodosius unterschrieb grundsätzlich alles, was ihm seine Schwester vorlegte, ohne es zu lesen. Einmal verfaßte sie ein Schreiben, das die Schenkung seiner Gattin Aelia Eudocia als Sklavin beurkundete, und Theodosius unterschrieb auch dies!

Aber Pulcheria erlebte neben Höhen auch Tiefen in ihrem Leben. Seit dem Ende der dreißiger Jahre erreichte es ein Eunuch, der Kammerherr des Kaisers und zugleich Kommandant seiner Leibgarde Chrysaphios, in den engsten Freundeskreis des Kaisers zu gelangen und zeitweilig beherrschenden Einfluß auf ihn auszuüben. Theodosius II. sah in ihm seinen besten Freund, doch Chrysaphios nutzte die Freundschaft, um seine eigene Macht zu steigern. Er tat alles, um den Kaiser von ernsten Staatsgeschäften abzuhalten, die er sich dann selbst vorbehielt. Einige Jahre, vor allem von 443 bis zum Tode des Kaisers 450, hatte er die Regierung des Oströmischen Reichs unter seiner Kontrolle. Zwar gelang es ihm nicht, führende Militärs wie Flavius Zenon, Konsul des Jahres 448 und ranghöchster Heermeister des Ostreichs von 447 bis 451, auf seine Seite zu bringen. Aber die Heerführer waren stark mit der Abwehr hunnischer Einfälle beschäftigt und besaßen am Kaiserhof keinen besonderen politischen Einfluß. Mit Erfolg gelang es Chrysaphios, die Kaiserin gegen Pulcheria auszuspielen. Er intrigierte gegen Pulcheria und setzte der Kaiserin zu, einen eigenen Kämmerer für sich beim Kaiser zu verlangen, weil Pulcheria als Kaiserschwester auch einen habe. Da der Kaiser dies verweigerte, sollte die Kaiserin fordern, daß Pulcheria eine Diakonin als Kammerzofe erhielt, da sie ein Gelübde der Jungfräulichkeit abgelegt hatte. Dies veranlaßte Pulcheria, der Kaiserin ihren eigenen Kämmerer zu überlassen und sich zeitweilig aus dem Palast zurückzuziehen. Pulcheria verlor für mehrere Jahre ihren beherrschenden Einfluß auf den Bruder. Chrysaphios war es dann auch, der den Sturz des Paulinus und des Cyrus betrieb und die Kaiserin im Jahr 443 in das Exil nach Jerusalem verdrängte. Bis zum Tode des Kaisers 450 besaß er einen hervorragenden Einfluß auf die Regierungsgeschäfte am Kaiserhof, und Pulcheria mußte sich in die zweite Reihe zurückziehen. Konkurrenten, die ihm gefährlich werden konnten, vertrieb er oder ließ sie ermorden.

Inzwischen wurde die christliche religiöse Welt von einer neuen Streitfrage erregt: Besaß Jesus Christus nur eine göttliche Natur oder unvermischt eine göttliche und eine menschliche Natur? War Maria die »Gottesgebärerin« oder die »Christusgebärerin«?

Nestorius, ein Presbyter und Mönch aus der Schule Antiochias, von 428 bis 431 Patriarch von Konstantinopel, vertrat die Auffassung der zwei Naturen und der »Christusgebärerin«. Wütend trat Kyrillos, Bischof von Alexandria (412 – 444), der ein herrischer und brutaler Kirchenfürst war und seinen Machtbereich im Osten auf Kosten Antiochias und Konstantinopels ausdehnen wollte, dieser Lehre entgegen. Im Jahre 415 veranlaßte er die grausame Ermordung der Philosophin Hypatia in Alexandria, provozierte antijüdische Ausschreitungen und benutzte von ihm aufgeputschte Mönchshorden, um Andersdenkende zu vertreiben oder umzubringen. In dieser christologischen Auseinandersetzung wagten es die Bischöfe Kleinasiens und von Jerusalem nicht, gegen Kyrillos aufzutreten; nur der Bischof von Antiochia stand auf der Seite des Nestorius.

Die Streitigkeiten zwischen Johannes Chrysostomos und Theophilos von Alexandria vom Anfang des Jahrhunderts schienen sich noch weiter zugespitzt zu wiederholen. Nestorius beging außerdem noch eine schreckliche Ungeschicklichkeit, als er die Jungfräulichkeit Pulcherias anzweifelte. Das war ein unverzeihbarer Vorwurf, der die erbitterte Pulcheria in die Gegnerschaft des Nestorius einreihte. Da auch der römische Papst Caelestinus (422–432) die These von Maria als der »Christusgebärerin« von sich wies, war sich Kyrillos seiner Sache sicher.

Um den Streit beizulegen, berief Theodosius II. im Jahre 431 das III. ökumenische Konzil nach Ephesos in Kleinasien ein. Der Kaiser und die Kaiserin standen zunächst theologisch auf der Seite des Nestorius. Aber diesem Kampf, in dem es mehr um die Kirchenpolitik und um den Einfluß am Kaiserhof als um religiöse Lehren ging, waren sie nicht gewachsen. Beide Parteien, die des Nestorius und die des Kyrillos, tagten während des Konzils getrennt voneinander. Das hatte es in der bisherigen Konzilsgeschichte nicht gegeben. Beide Parteien setzten sich gegenseitig ab. Dem Kaiser blieb nichts weiter übrig, als dem zu folgen und beide rivalisierenden Bischöfe abzusetzen. Nestorius war zufrieden, in sein Kloster nach Antiochia zurückzukehren. Kyrillos dagegen, in Ephesos unter kaiserliche Bewachung gestellt, konnte entkommen und wurde in Alexandria von seinen Anhängern mit Jubel empfangen. Er bestach zahlreiche hohe Staatsbeamte und Hofdamen in Konstantinopel mit enormen Geldsummen und Luxuswaren, so daß die reiche Kirche Ägyptens in Schulden geriet. Die Aktion hatte Erfolg, der Kaiser fand sich mit den geschaffenen Tatsachen ab, und Kyrillos wurde von ihm wieder als Patriarch von Alexandria bestätigt. Kaiser und Kaiserin wandten sich schließlich gänzlich von Nestorius ab. Im Jahr 435 wurde ein hartes Gesetz gegen die Nestorianer erlassen. Nestorius selbst wurde im Jahr 436 in die Große Oase in der Libyschen Wüste verbannt. Kyrillos war der große Sieger in diesem geistlich-politischen Krieg.

Pulcheria war in diesem Ringen streng antimonophysitisch eingestellt. Darin befand sie sich im Gegensatz zur in Jerusalem lebenden Kaiserin und vor allem zu Chrysaphios, der den Kaiser im Sinne des Patriarchen von Alexandria beeinflußte. Dies war von 444 bis 451 Dioskoros, der die Politik seines Vorgängers Kyrillos fort setzte. In diesen Jahren erreichte Alexandria den Höhepunkt seiner Macht.

Dioskoros besaß in Konstantinopel in dem Klostervorsteher Eutyches und in dessen Patenkind Chrysaphios seine einflußreichsten Vertreter. Gegen diese konnte auch Pulcheria nichts ausrichten. Als Bischof Flavian von Konstantinopel (446 – 449) es wagte, den Klostervorsteher wegen der von ihm vertretenen Lehre des Monophysitismus abzusetzen, brach gegen Flavian eine wütende Hetze aus, hinter der kein anderer als Dioskoros von Alexandria stand. Chrysaphios erreichte beim Kaiser, daß dieser ein neues Konzil nach Ephesos einberief, das Dioskoros präsidieren sollte. Damit war der Ausgang des Konzils vorherbestimmt. Es sollte Flavian und seine Anhänger absetzen und in die Verbannung treiben. Papst Leo I. und Pulcheria bemühten sich um Flavian, aber ohne Erfolg. Das Konzil, das in die Kirchengeschichte als das »Räuberkonzil« (latrocinium) eingegangen ist, fand im August 449 in Ephesos statt. Die Anhänger Flavians waren entweder von der Teilnahme am Konzil ausgeschlossen oder hatten Redeverbot. Flavian wurde abgesetzt und verbannt. Dioskoros ließ das Tor der Kirche öffnen, in der das Konzil stattfand, die von ihm fanatisierten und aufgeputschten Mönche drangen ein und schlugen so sehr auf Flavian ein, daß dieser nach drei Tagen auf dem Weg in die Verbannung starb.

Wie es in der Kirche zuging, lassen die Konzilsakten nur erahnen. Die Meute brach in lärmende Zurufe aus, als ein Brief des Bischofs Ibas von Edessa (gestorben 457), eines Gegners des Dioskoros, verlesen wurde: »Diese (Worte) besudeln unsere Ohren! Allzeit dem Kyrillos Andenken um des Erzbischofs Dioskoros willen! Kyrillos, unsterblich! Bestehen bleibe Alexandria, die Stadt der Orthodoxen! ... Es verbrenne Ibas mitten in der Stadt! Es brenne Ibas mitten in Antiochia! ... Ibas, die Schmach der ganzen Erde! Ibas und welche seine Ansichten teilen, sollen brennen! ... Wer Ibas nicht haßt, ist ein Teufel! Wer Ibas liebt, ist ein Satan! ... Wir bitten die Könige: tötet Ibas! Wir bitten die Könige: lebendig soll Ibas verbrennen! Zur Warnung der Ketzer soll dies geschehen! Ibas möge in Antiochia brennen. Nehmt einen hin und erlöset die Welt! Den einen verbrennet und erlöset die vielen! Nestorius und Ibas sollen zusammen verbrennen! Nestorius und Ibas sollen mitten in Antiochia brennen! Die Verbannung hat nichts gefruchtet! ... Die Verbannung tut ihnen nichts! Durch die Verbannung ist Nestorius reich geworden! Diesen tut die Verbannung nichts! Nestorius und Ibas sollen auf einmal brennen! Satanas und sein Sohn mögen auf einmal verbrennen! Patriarch, steh den Orthodoxen bei! Diese alle wirf du hinaus! Kein Rest bleibe von Pharao übrig.«[62]

Die kaiserliche Gewalt sollte der alexandrinischen monophysitischen Lehre zum endgültigen Sieg verhelfen. Und solange Theodosius II. noch lebte, war sich Dioskoros seiner gefestigten Macht sicher.

Aber die Machtverhältnisse änderten sich rasch. Am 28. Juli 450 stürzte der Kaiser während der Jagd vom Pferd und starb. Auf dem Sterbebett noch ließ er seine Schwester Pulcheria zu sich kommen, die er jahrelang hintenan gesetzt hatte und übertrug ihr, da er keine Kinder hinterließ, die Sorge für die Nachfolge.

Dies bedeutete eine Wende in den politischen wie in den kirchlichen Angelegenheiten. Mit Tatkraft und Energie ließ Pulcheria erkennen, daß die Zeit kaiserlicher Schwäche und des Schwankens vorbei war. Die kirchenpolitischen Gegner Alexandrias, die sich um die bisher Zurückgesetzte gruppierten, die wiederum mit Papst Leo I. im Bunde war, gewannen die Oberhand.

Zunächst rechnete Pulcheria mit ihrem erbittertsten Feind Chrysaphios ab. Er wurde gestürzt und zu Tode geprügelt.

Theodosius hatte auf dem Sterbebett seiner Schwester empfohlen, den tüchtigen und angesehenen Offizier Marcian als neuen Herrscher zu bestimmen. Sie selbst konnte nach römischer Sitte nicht regierende Kaiserin sein. Marcian war zu dieser Zeit bereits 58 Jahre alt. Er war thrakischer Abkunft, Sohn eines einfachen Soldaten und hatte selbst als einfacher Krieger seine militärische Laufbahn begonnen. In zahlreichen Feldzügen hatte er sich ausgezeichnet und das Vertrauen des führenden Heermeisters Aspar erworben. Aspar war auch am Sterbebett des Theodosius gewesen, und es ist möglich, daß er ihm den Namen des Marcian eingegeben hatte, da er selbst, Aspar, wegen seiner arianischen Religion nicht Kaiser werden konnte. Zuletzt hatte Marcian den Rang eines Militärtribunen und war Kommandeur der Leibgarde Aspars.

Pulcheria nahm mit Marcian Verbindung auf. Religionspolitisch hatte er die gleichen Interessen wie Pulcheria. Sie bot ihm die Ehe und die Kaiserkrone unter einer Bedingung an: Er sollte in eine sogenannte Josephsehe einwilligen, damit sie ihr Keuschheitsgelübde nicht zu verletzen brauchte. Die Bezeichnung rührte von Joseph, dem Ehemann Marias, her, die der Legende gemäß Jesus als Jungfrau geboren haben soll.

Marcian war einverstanden. Aus einer früheren Ehe besaß er bereits eine heiratsfähige Tochter, Aelia Marcia Euphemia, die er im Jahr 453 mit dem späteren Kaiser des Weströmischen Reiches Anthemius (467 – 472) verehelichte. Marcian selbst befand sich als bejahrter Mann im fortgeschrittenen Alter wahrscheinlich schon jenseits von Gut und Böse, so daß ihm die Auflage der Pulcheria nichts ausmachte. Am 25. August 450 wurde er in Konstantinopel zum neuen Kaiser gekrönt.

Mit ihm wehte ein frischer Wind im Palast, der wieder zum Zentrum einer aktiven politischen Führung wurde, und sein Klosterdasein beendete. Innenpolitisch bedeutete dies einen harten Kurs gegen die ausufernde Machts des Patriarchen von Alexandria; außenpolitisch setzte Marcian die Beschwichtigungspolitik gegenüber den Hunnen nicht mehr fort und verweigerte Attila die Tributzahlung. Da Attila in Westeuropa eine leichtere Beute sah, kam es so zu dem schon erwähnten Hunnenzug nach Gallien und zur Schlacht auf den Katalaunischen Feldern.

Pulcheria beharrte auf einer kirchenpolitischen Lösung des Streits zwischen Alexandria und Konstantinopel. Marcian berief für den 8. Oktober 451 das vierte ökumenische Konzil nach Chalkedon, gegenüber von Konstantinopel auf der kleinasiatischen Seite des Bosporus gelegen, ein. Etwa 360 Bischöfe nahmen daran teil, aber davon waren nur fünf aus dem westlichen Mittelmeergebiet. Die Beschlüsse der sogenannten Räubersynode von 449 wurden für ungültig erklärt. Das Konzil stand unter der Leitung hoher kaiserlicher Vertreter, an der Spitze der Patrizius Anatolius, in jenem Jahr höchster Heermeister Ostroms. Zusammen mit der kaiserlichen Kommission bestimmte Bischof Paschasinus, der Legat des Papstes, den Fortgang und die Beschlüsse des Konzils. An seiner sechsten Sitzung nahmen auch der Kaiser und die Kaiserin teil. Im Ergebnis des Konzils wurde der Monophysitismus als Irrlehre verdammt. Eutyches, der ehemalige Klostervorsteher von Konstantinopel, und Dioskoros, Patriarch von Alexandria, wurden abgesetzt und verbannt. Flavian, der ehemalige Patriarch von Konstantinopel, wurde rehabilitiert und seine sterblichen Überreste wurden in der Apostelkirche der Hauptstadt beigesetzt.

Ärger bereitete dem Papst allerdings der Kanon 28 des Konzils, in dem der Bischof von Rom dem Bischof von Konstantinopel, des Neuen Roms, nahezu gleichgestellt wurde. Die päpstlichen Gesandten und Leo I. selbst protestierten gegen diesen Beschluß, konnten sich aber gegenüber dem Kaiser und der Kaiserin nicht durchsetzen.

Im Juli 453 starb Pulcheria, 54 Jahre alt geworden. Unter den Kaiserinnen der Spätantike hatte sie höchstes Ansehen und größte Ausstrahlungskraft besessen. Sie hatte ihrem Gatten, Kaiser Marcian, eigenhändig das Diadem aufgesetzt. Auf der Sitzung des Konzils, an der sie teilnahm, war sie von den Bischöfen noch vor dem Kaiser als »neue Helena« begrüßt worden. Ihr persönliches Vermögen vermachte sie der Kirche zu karitativen Zwecken. Wenige Jahre später, am 27. Januar 457, folgte ihr Marcian. Beide fanden in der Apostelkirche in Konstantinopel nebeneinander ihre letzte Ruhestätte.

Die religiösen und kirchenpolitischen Probleme, die mit dem Monophysitismus gekennzeichnet waren, wurden mit dem Konzil von Chalkedon nicht gelöst. Der Monophysitismus konnte durch Verordnungen und Verbote nicht beseitigt werden. Durch die arabisch – islamischen Eroberungen wurde er zwar geschwächt, aber er lebt dennoch heute weiter in der koptischen Kirche Ägyptens, in der Kirche Äthiopiens, in der jakobitischen Kirche Syriens und in der armenischen Orthodoxie. Bei der Vorstellung, das Göttliche mit dem Menschlichen in einer Natur zu verbinden, handelte es sich um eine Idee, die in den vorderorientalischen Völkern tief verwurzelt war und schon eine vorchristliche Geschichte besaß.

Religiöser Fanatismus kam hinzu. Nach dem Tode Marcians kam es in Alexandria zum offenen Aufruhr, in dem der vom Kaiser eingesetzte Patriarch ermordet wurde.

Christus als Weltenherrscher zwischen Petros und Paulos,
Elfenbeindiptychon, 6. Jh., linke Seite

Die Gottesmutter zwischen den Erzengeln,
Elfenbeindiptychon, 6. Jh., rechte Seite

Die christliche Glaubensgemeinschaft, die im Konzil von Chalkedon ihr christologisches Ideal verwirklicht sah, war nicht weniger gewalttätig. Als Kaiser Anastasius (491 – 518) der religiösen Einheit wegen den Monophysiten Zugeständnisse machte, kam es in Konstantinopel zu Straßenkämpfen. Kaiserstatuen wurden umgeworfen. Im Jahr 512 kam es zum Aufstand in der Hauptstadt: »Die Bevölkerung der Stadt lief zusammen und erregte sich maßlos darüber, daß etwas Fremdartiges dem christlichen Glauben hinzugefügt worden sei. Da war ein Tumult im Palast, und der Stadtpräfekt Plato floh und verbarg sich vor der Volkswut. Die Aufrührer riefen: ›Ein neuer Kaiser muß her für den römischen Staat.‹ Sie zogen zur Residenz des Ex-Präfekten Marinus, eines Syrers, brannten sein Haus nieder und plünderten alles, was er besaß, da sie ihn nicht finden konnten ... Sie fanden aber einen Mönch aus dem Osten in dem Haus, ergriffen und töteten ihn, trugen seinen Kopf auf einer Stange und sangen: ›Das ist der Feind der heiligen Dreifaltigkeit.‹ Sie zogen dann zum Wohnhaus der Juliana, einer Patrizierin von höchstem Rang, und riefen nach ihrem Gatten, Areobindus, er solle Kaiser des Römischen Reiches werden.«[63]

Juliana aber war die Tochter des weströmischen Kaisers Olybrius, die Enkelin des Kaisers Valentinians III., die Urenkelin der Kaiserin Galla Placidia, die Ururenkelin des Kaisers Theodosius I., den man auch den Großen nennt.

Doch Flavius Areobindus Dagalaiphus, wie der vollständige Name ihres Gatten lautet, wurde nicht neuer oströmischer Kaiser. Er wollte es nicht werden; vor der heranrückenden Menge floh er und verbarg sich, bis der Spuk vorüber war. Er war gewiß kein Feigling, da er in den Jahren 503 und 504 als oströmischer Heermeister Mut bewiesen hatte und Erfolge in Kriegen gegen die Perser aufweisen konnte. Im Jahre 506 bekleidete er das Konsulat.

Die Nestorianer, die andere in Verdammnis geratene christliche Strömung, wanderten nach ihrer Verurteilung in das neupersische Sasanidenreich im Iran aus. Man vollzog auf einer Synode von 483 die endgültige Trennung von der römischen Reichskirche. Der Nestorianismus verbreitete sich nach Turkestan, Indien, Tibet und bis nach China und Java. In der Blütezeit der

Byzantinische Kaiserin, Elfenbeindiptychon, Ende 5. oder Anfang 6. Jh., auch als Bildnis der Amalaswintha, Königin der Ostgoten, gedeutet

nestorianischen Kirche, Ende 13./Anfang 14. Jh., bestanden in Zentralasien über 20 Metropolitensitze. Durch den Einfall Timurs (Tamerlans) 1380 und die grausame Verfolgung wurden die Nestorianer umgebracht und die nestorianische Kirche zerschlagen.

Auch die Einigkeit der katholisch-orthodoxen Kirche, die auf dem Konzil von Chalkedon vereint den Sieg errungen hatte, war nicht von sehr langer Dauer. Nach häufigen Reibereien zwischen dem Papst und dem Patriarchen von Konstantinopel kam es im Jahr 1054 wegen des Universalanspruchs beider Kirchen zum Bruch (Großes Schisma), der bis in die Gegenwart anhält.

MACHTEN FRAUEN GESCHICHTE?

Die Kaiserinnen haben ihre Spuren hinterlassen; in der ersten Hälfte des 5. Jahrhunderts stärker als ihre Männer. Diese zeigen sich in Bauwerken, Gesetzen, literarischen Hinterlassenschaften und in politischen Entscheidungen wie Handlungen, für die ihre Männer zwar den Namen hergaben, aber deren Initiatoren Frauen waren. Denn offiziell besaßen Frauen in der Politik nicht die Möglichkeit, sich zur Geltung zu bringen. Nur durch persönlichen Einfluß auf ihre Männer, Söhne und Brüder konnten sie ihre politischen Meinungen und Bestrebungen realisieren. Der Augusta-Titel war ein Ehrentitel. Staatliche Rechte waren mit ihm nicht verbunden.

Es gab sehr reiche christliche Frauen, Witwen von Großgrundbesitzern oder Gattinnen, die mit ihrem Mann in der Josephsehe lebten. Sie gehörten zu den Millionärinnen der Spätantike. Sie investierten ihre Gewinne, die vor allem aus dem Großgrundbesitz kamen, nicht. Als ehrlich überzeugte Christinnen sahen sie in ihrem Vermögen eher eine Last, die ihnen nach ihrem Tode den Zugang zum Himmelreich verschließen könnte. Lebten Frauen in dauernder Jungfräulichkeit, waren sie auch von der Kopfsteuer befreit. Sie verwendeten ihr Vermögen für Kirchenbauten und Klostergründungen, beschenkten Kirchen mit kostbarem Inventar und stellten es karitativen Zwecken zur Verfügung. Bischöfe und Patriarchen bemühten sich um ihr Erbe und wurden die größten Erbschleicher ihrer Zeit. Der Liber Pontificalis, eine Sammlung von Papstbiographien, bezeugt, wie allein die römisch-katholische Kirche innerhalb von etwa hundert Jahren nach den kaiserlichen Familien die reichste Institution im Römischen Reich wurde. Pilgerreisen nach Palästina, besonders nach Jerusalem und Bethlehem, wurden für vornehme reiche Damen modern. Das von der Kaiserin Aelia Eudocia selbst gewählte Exil in Jerusalem glich einem Patronat über diese Provinz und schloß Kirchen, Klöster, Krankenhäuser und Altersheime ein.

Nächstenliebe, Frömmigkeit und Entsagung von weltlichen Freuden standen im Vordergrund des spätantiken christlichen Frauenideals. Wenn sich die Kaiserin persönlich um Krankenpflege und Armenversorgung kümmerte, wurde ihr das besonders hoch angerechnet. Besonderes Ansehen erwarben sich reiche Christinnen wie kaiserliche Damen, wenn sie geschlechtliche Enthaltsamkeit gelobten. In den meisten Fällen werden sie sie auch eingehalten haben. Man meinte – der christliche Schriftsteller Hieronymus hat diese Annahme auch brieflich verbreitet – daß der Teufel durch die Genitalien der Frau in ihre Seele eindringe.[64] Der frauenfeindliche Kirchenvater Tertullian (um 160 – um 222) sah in ihnen ein Tor zur Hölle, einen Steigbügel des Teufels.[65] Am sichersten bewahrten die tugendhaften Frauen ihre Jungfräulichkeit in einem der vielen Nonnenklöster. Im frühen 5. Jahrhundert gab es in Ägypten etwa 20 000 Mönche. Die Zahl der Nonnen lag weit darunter, und es gab viel mehr lasterhafte Mönche als lüsterne Nonnen.

Das Christentum hatte den Frauen der Oberschichten der Gesellschaft den Weg in die Öffentlichkeit geebnet. Aufgrund ihres Vermögens und durch ihre soziale Position waren sie selbstbewußter geworden; sie bestimmten mehr und mehr ihren Lebensweg nach eigenem Willen. Aelia Flaccilla, Aelia Eudoxia, Galla Placidia und Pulcheria drängten ihre Gatten, Söhne und Brüder zur kompromißlosen kämpferischen Orthodoxie und veranlaßten sie zu harten Gesetzen gegen die Heiden und Häretiker. Es ist kein Zufall, daß auch gerade in dieser Zeit der Marienkult sich zu einer Hauptfigur des gesamten christlichen Kultes entfaltete. Während die biblische Eva die weibliche Sündigkeit repräsentierte, demonstrierte Maria Reinheit, Jungfräulichkeit und Gehorsam. Besonders im Zusammenhang mit der Auseinandersetzung um den Nestorianismus, der Maria die Gottesmutterschaft absprach, zeitlich in Beziehung zum dritten ökumenischen

Konzil von Ephesos 431, stand der Marienkult symbolisch und stellvertretend für die rechtgläubige katholische Lehre.

Der Preis, den Frauen für ihre größere persönliche Freiheit und aktiveres gesellschaftliches Auftreten zahlen mußten, war hoch. Er lag in der Preisgabe ihrer sexuellen Identität. Es ging so weit, daß Frauen ihr Geschlecht verheimlichten, sich als Männer kleideten und erst auf dem Sterbebett ihre Weiblichkeit zu erkennen gaben.

Dies war der Weg, auf dem Frauen in die öffentliche Sphäre eintreten konnten. Wenige nur gingen ihn; er blieb die Ausnahme. Kaiserinnen und Damen der kaiserlichen Familie und des Hofes gehörten zu denen, die diesen Weg wählten. Ihr eigenes Leben und ihre Vorstellungen darüber, was die Werte des Lebens ausmachen, änderten sich. In vieler Hinsicht war das 5. Jahrhundert eine stürmische Zeit. Soziale Schranken wurden überwunden, soziale Dynamik kennzeichnete den Übergang von der Antike zum Mittelalter. Weltbild und Menschenbild wurden vom Christentum verändert, – auch auf Kosten des freieren antiken Denkens nun im Korsett einer autoritären religiösen Ideologie.

Die kaiserlichen Damen haben jedenfalls die Geschichte ihrer Zeit aktiv mitgestaltet. Mit Eifer, Leidenschaft und Sachkenntnis haben sie ihre Zeit mitbestimmt, besser als ihre inkompetenten Ehemänner, Brüder oder Söhne. Die aktive Rolle dieser kaiserlichen Damen, der Augustae, stand allerdings ganz im Gegensatz zur passiven Stellung der meisten Frauen, die ihnen die Kirche zugestand.

»Die Schicksale der spätantiken Kaiserinnen zeigen, wie in ihnen alle Elemente des geschichtlichen Ablaufs verkörpert sind. Die Ausgestaltung ihrer Herrscherinnenstellung war römisch, manches erinnert von ferne an Griechisch – Hellenistisches Christentum und Germanentum veränderten ihre Situation tiefgreifend und kündigten das Mittelalter an, jeweils unterschiedlich im Osten und Westen.«[66]

Die vorherrschende Stellung des Mannes blieb im Altertum wie im Mittelalter unangetastet. Die Teilnahme der Frau an der Geschichte wurde in hohem Grade von ihrer sozialen Stellung bestimmt, die wesentlich mit ihrer rechtlichen zusammenhing.

ANMERKUNGEN

1 Libanios, oratio (Rede) 17, 3; vgl. A. Demandt: Die Spätantike (Handbuch der Altertumswissenschaft III. 6). München 1989, S. 109.

2 Ammianus Marcellinus, rerum gestarum 31, 2, 3 – 11; nach W. Seyfarth: Ammianus Marcellinus, Römische Geschichte, 4. Teil (Schriften und Quellen der Alten Welt 21, 4). Berlin 1971, S. 245f.

3 O. J. Maenchen-Helfen: Die Welt der Hunnen. Wien 1978, S 8.

4 Ammianus Marcellinus, Römische Geschichte 31, 4, 9; nach W. Seyfarth, a. a. O., S. 255.

5 Eunapios von Sardes, Universalgeschichte (C. Müller Fragmenta Historicorum Graecorum IV 1868), Fragment 42.

6 Ammianus Marcellinus, Römische Geschichte 31, 5, 11; nach W. Seyfarth, a. a. O., S. 257.

7 Ammianus Marcellinus, Römische Geschichte 31, 12, 11 – 13, 12; nach W. Seyfarth, a. a. O., S. 285 – 291.

8 Rufinus von Aquileia, Kirchengeschichte 1, 13 (ed. Th. Mommsen, bei Eusebios, Werke II 2, 1908 – Die griechischen christlichen Schriftsteller der ersten Jahrhunderte 9, 2 –).

9 Ambrosius von Mailand, epistula (Brief) 40, 11 (Corpus Scriptorum Ecclesiasticorum Latinorum Bd. 82, 1968, ed. O. Faller).

10 Libanios, oratio 30, 29 (Biblioteca Teubneriana ed. R. Förster, Leipzig 1903 – 1927).

11 Codex Iustinianus 5, 5, 7. Gesetz der Kaiser Valentinian III. und Marcian vom 4. April 454. Text nach: Codex Iustinianus. Ausgewählt und herausgegeben von G. Härtel und F. M. Kaufmann Reclam-Verlag Leipzig (Nr. 1368) 1991, S. 111.

12 Die griechische Anthologie. Erster Band. Aus dem Griechischen übertragen von Dietrich Ebener. Berlin und Weimar 1981, S. 79.

13 W. Schuller: Frauen in der römischen Geschichte (Konstanzer Bibliothek Bd. 4). Konstanz 1987, S. 108.

14 A. Demandt, a. a. O., S. 303.

15 Codex Theodosianus 7, 13, 15; vgl. K. – W. Welwei: Unfreie im antiken Kriegsdienst, Dritter Teil (Forschungen zur antiken Sklaverei XXI). Stuttgart 1988, S. 170f.

16 Zosimos, Nea Historia (Neue Geschichte) 4, 59, 3 (Biblioteca Teubneriana ed. L. Mendelssohn, Leipzig 1887).

17 Orientius, Commonitorium (Anweisung) 2, 184 (Corpus Scriptorum Ecclesiasticorum Latinorum 16, ed. R. Ellis, Wien 1888).

18 Hieronymus, epist. 123, 16, 17 (Corpus Scriptorum Ecclesiasticorum Latinorum 56, ed. J. Hilbert, Wien 1918).

19 Hieronymus, epist. 127, 12.

20 Hieronymus, epist. 128, 4.

21 Hieronymus, Vorrede zum 3. Buch des Ezechielkommentars, ed. P. Migne, Patrologia Latina Bd. 25, Sp. 75.

22 Jordanes, Getica (Gotengeschichte) 158 (ed. Th. Mommsen, Monumenta Germaniae Historica, Auctores Antiquissimi V 1, Berlin 1882).

23 Martiel, Epigramme 4, 13. Übersetzt von Walter Hofmann. Reclam Universalbibliothek 298. Leipzig 1966, S. 40.

24 Sidonius Apollinaris, Carmen XI. Hochzeitsgedicht an Ruricius und Hiberia, Verse 129 – 133.

25 Chronica Minora I 663 (ed. Th. Mommsen, Monumenta Germaniae Historica, Auctores Antiquissimi IX, Berlin 1892).

26 Jordanes, Gotengeschichte 35.

27 Jordanes, Gotengeschichte 35.

28 Johannes Chrysostomos, Patrologia Graeca ed. P. Migne Bd. 54, Sp. 673.

29 Johannes Chrysostomos, Patrologia Graeca ed. P. Migne Bd. 61, Sp. 353f.

30 F. Winkelmann: Die östlichen Kirchen in der Epoche der christologischen Auseinandersetzungen (Kirchengeschichte in Einzeldarstellungen I/6). Berlin 1980, S. 74f.

31 Salvian von Massilia, de gubernatione dei (Von der Regierung Gottes) 5, 5 (Corpus Scriptorum Ecclesiasticorum Latinorum 8 ed. F. Pauly, Wien 1883).

32 Orosius, Historia adversum paganos (Geschichtswerk gegen die Heiden) 7, 41, 8 (Corpus Scriptorum Ecclesiasticorum Latinorum 5 ed. C. Zangemeister, Wien 1882).

33 Anonymus, de vocatione omnium gentium (Über die Bekehrung aller Völker) 2, 33 ed. P. Migne, Patrologia Latina Bd. 51, Sp. 647.

34 Novellen Valentinians III. 17, 1 im Codex Theodosianus von 445.
35 Leo I., sermo (Predigt) 82, 1 (Hrsg. T. STEEGER, München 1927, Bd. 2). Gesetz von 381: Codex Iustinianus 1, 1, 2.
36 Gesetz von 381: Codex Iustinianus 1, 1, 2.
37 Gesetz von 451: Codex Iustinianus 1, 2, 12.
38 Gesetz von 390: Codex Iustinianus 1, 3, 9.
39 Gesetz von 420: Codex Iustinianus 1, 3, 19.
40 Gesetz von 394: Codex Iustinianus 1, 4, 4.
41 Gesetz von 426: Codex Iustinianus 1, 7, 4.
42 Gesetz von 438: Codex Iustinianus 1, 7, 5.
43 Gesetz von 353: Codex Iustinianus 1, 7, 1.
44 Gesetz von 388: Codex Iustinianus 1, 9, 6.
45 Gesetz von 423: Codex Iustinianus 1, 9, 16.
46 Gesetz von 339: Codex Iustinianus 1, 10, 1.
47 Gesetz von 385: Codex Iustinianus 1, 11, 2.
48 Gesetz von 440: Codex Iustinianus 1, 14, 7.
49 Gesetz von 409: Codex Iustinianus 1, 12, 2.
50 Gesetz von 386: Codex Iustinianus 1, 25, 1.
51 Gesetz von 205: Codex Iustinianus 1, 54, 1.
52 Codex Iustinianus, hrsg. von G. HÄRTEL und F. – M. KAUFMANN. Reclam-Verlag Leipzig (Nr. 1368) S. 279f.
53 Codex Iustinianus 1, 14, 4; 11, 71, 5, 1.
54 Peter Chrysologus, Predigt 130 (ed. P. MIGNE, Patrologia Latina Bd. 52, Sp. 556f.).
55 Brief der Galla Placidia an Kaiserin Pulcheria: Collectio Avellana (Corpus Scriptorum Ecclesiasticorum Latinorum 35, ed. O.GÜNTHER Wien 1895/1898).
56 Notitia urbis Constantinopolitanae (Verzeichnis der Stadt Konstantinopel) aus der Zeit um 425 (ed. O. SEECK im Anhang zu seiner Ausgabe der Notitia Dignitatum (Staatshandbuch des Römischen Reiches). Berlin 1876, S. 229f.
57 A. DEMANDT. a. a. O., S. 394.
58 ZOSIMOS, Neue Geschichte 5, 3, 2.
59 Codex Theodosianus 14, 9, 3 und 15, 1, 53.
60 Priskos, Excerpta de legationibus (Auszüge aus Gesandtschaften) Fragment Nr. 8 (C. MÜLLER, Fragmenta Historicorum Graecorum, Bd. IV 1868, S. 94); Marcellinus Comes, a. 444 (ed. Th. MOMMSEN, Chronica Minora II, Monumenta Germaniae Historica, Auctores Antiquissimi Bd. XI, S. 37ff. Berlin 1894).
61 Codex Theodosianus 3, 12, 4.

62 F. WINKELMANN, a. a. O., S. 83. Übersetzung von J. FLEMMING, Akten der ephesinischen Synode vom Jahre 449 syrisch. Göttingen 1917, S. 55 – 57.

63 JOHANNES MALALAS, Chronographia 407 (ed. L. DINDORF, Corpus Scriptorum Historiae Byzantinae, Bonn 1831).

64 Hieronymus, epist. 22 an Eustochium (ed. J. HILBERT, Corpus Scriptorum Ecclesiasticorum Latinorum 54, Wien 1910).

65 Tertullian, de cultu feminarum (Über die Putzsucht der Frauen) 1, 1 (ed. E. KROYMANN, Corpus Scriptorum Ecclesiasticorum Latinorum 70, Wien 1942).

66 W. SCHULLER, a. a. O., S. 111.

NAMENSVERZEICHNIS

(Personen-, Völker-, Orts-, Landschafts- und Ländernamen)

AUSGEWÄHLTE BIBLIOGRAPHIE

(ohne Aufsätze)

G. ALFÖLDY: Römische Sozialgeschichte. 3. Aufl. Wiesbaden 1984.

D. BALSDON: Die Frau in der römischen Antike. München 1979.

M. BANNIARD: Europa von der Spätantike zum frühen Mittelalter. München 1993.

J. BEAUCAMP: Le statut de la femme à Byzance (4e – 7e siècles). 2 Bände, Paris 1990 und 1992.

P. BROWN: The Cult of the Saints. London 1981.

– : Society and the Holy in Late Antiquity. Berkeley 1982.

– : The Body and Society. Men, Women and Sexual Renunciation in Early Christianity. New York 1988.

– : Macht und Rhetorik in der Spätantike. München 1995.

A. CAMERON: Poetry and Propaganda at the Court of Honorius. Oxford 1970.

– : The Mediterranean World in Late Antiquity AD 395 – 600. London 1993.

A. CHASTAGNOL: Le Bas-Empire. Paris 1969.

– : La fin du monde antique. Paris 1976.

K. CHRIST (Hrsg.): Der Untergang des Römischen Reiches (Wege der Forschung 269). Darmstadt 2. Aufl. 1970.

Eu. K. CHRYSOS, A. Schwarcz (Hrsg.): Das Reich und die Barbaren. Wien 1989.

E. A. CLARK (Hrsg.): Women in the Early Church. Wilmington, Delaware 1983.

– : Ascetic Piety and Women's Faith. Lewiston, N. Y. 1986.

G. CLARK: Women in Late Antiquity. Oxford 1993.

R. COLLINS: Early Medieval Europe 300 – 1000. London 1991.

A. DEMANDT: Die Spätantike (Handbuch der Altertumswissenschaft III 6). München 1989.

E. DEMOUGEOT: La formation de l'Europe et les invasions barbares (Collection Historique). 2 Bände, Paris 1979.

– : L'Empire Romain et les Barbares d'Occident (IVe – VIIe siècles). Scripta Varia. Paris 1988.

Ch. DIEHL: Impératrices de Byzance. Paris 1959.

H. - J. DIESNER: Kirche und Staat im spätrömischen Reich. Berlin 1963.

– : Die Völkerwanderung. Leipzig 1976.

Ph. DIXON: Barbarian Europe (The Making of the Past). Oxford 1976.

A. EFFENBERGER: Frühchristliche Kunst und Kultur von den Anfängen bis zum 7. Jahrhundert. Leipzig 1986.

S. ELM: Virgins of God. Oxford 1993.
R. FOLZ u. a.: De l'Antiquité au monde médiéval. Paris 1972.
M. FUHRMANN: Rom in der Spätantike. Zürich 1994.
J. F. GARNER: Frauen im antiken Rom. München 1995.
F. GREGOROVIUS: Athen und Athenais. Dresden 1927.
R. GÜNTHER: Vom Untergang Westroms zum Reich der Merowinger. Berlin 3. Aufl. 1987.
R. GÜNTHER, A. R. KORSUNSKIJ: Germanen erobern Rom (Veröffentlichungen des Zentralinstituts für Alte Geschichte und Archäologie der AdW der DDR Bd. 15). Berlin 2. Aufl. 1988.
G. HAENDLER: Die abendländische Kirche im Zeitalter der Völkerwanderung (Kirchengeschichte in Einzeldarstellungen I/5). Berlin 1980.
G. HÄRTEL, E. PÓLAY: Römisches Recht und römische Rechtsgeschichte. Eine Einführung. Weimar 1987.
G. HÄRTEL, F. - M. KAUFMANN: Codex Iustinianus. Leipzig (Reclam) 1991.
K. G. HOLUM: Theodosian Empresses. Women and Imperial Dominion in Late Antiquity. Berkeley 1982.
E. D. HUNT: Holy Land Pilgrimage in the Later Roman Empire AD 312 – 460. Oxford 1982.
A. H. M. JONES: The Later Roman Empire. 3 Bände Oxford 1964.
D. KOCH - PETERS: Ansichten des Orosius zur Geschichte seiner Zeit (Studien zur klassischen Philologie 9).
Frankfurt a. M. 1984.
A. LIPPOLD: Theodosius der Große und seine Zeit (Urban – Bücher). Stuttgart 1968.
O. J. MAENCHEN - HELFEN: Die Welt der Hunnen. Wien 1978.
R. A. MARKUS: The End of Ancient Christianity. Cambridge 1990.
J. MARTIN: Spätantike und Völkerwanderung (Oldenbourg Grundriß der Geschichte 4). München 1987.
J. R. MARTINDALE: The Prosopography of the Later Roman Empire, vol. 2 AD 395 – 527. Cambridge 1980.
J. MATTHEWS: Political Life and Culture in Late Roman Society. London 1985.
S. MAZZARINO: La fine del mondo antico. Milano 1988.
– : Stilicone. La crisi imperiale dopo Teodosio. Milano 1990.
St. MUHLBERGER: The Fifth – Century Chroniclers. Prosper, Hydatius and the Gallic Chronicler of 452. Leeds 1990.
St. IRVIN OOST: Galla Placidia Augusta. A Biographical Essay. Chicago 1968.
F. PASCHOUD: Roma Aeterna (Bibliotheca Helvetica Romana VII). Rom 1967.
E. PATLAGEAN: Pauvreté économique et pauvreté sociale à Byzance 4e – 7e siècles. Paris 1977.
S. B. POMEROY: Frauenleben im klassischen Altertum. Stuttgart 1985.
R. ROSEMARY RUETHER (Hrsg.): Religion and Sexism. New York 1979.
W. SCHULLER: Frauen in der römischen Geschichte (Konstanzer Bibliothek 4). Konstanz 1987.

W. SEYFARTH: Soziale Fragen der spätrömischen Kaiserzeit im Spiegel des Theodosianus. Berlin 1963.

E. STEIN: Geschichte des spätrömischen Reiches. 1. Band Wien 1928.

Joh. STRAUB: Regeneratio Imperii. Studien über Roms Kaisertum und Reich im Spiegel der heidnischen und christlichen Publizistik. Bd. 1 Darmstadt 1972, Bd. 2 Darmstadt 1986.

K. F. STROHEKER: Germanentum und Spätantike. Zürich 1965.

J. P. SULLIVAN: Women in the Ancient World. The Arethusa Papers. Albany 1984.

S. TEILLET: Des Goths á la nation gothique (Collection d'études anciennes). Paris 1984.

F. TINNEFELD: Die frühbyzantinische Gesellschaft. München 1977.

J. VOGT: Der Niedergang Roms. Metamorphosen der antiken Kultur. Zürich 1965.

B. WARD – PERKINS: From Classical Antiquity to the Middle Ages. Urban Public Building in Northern and Central Italy AD 300 – 850. Oxford 1984.

F. WINKELMANN: Die östlichen Kirchen in der Epoche der christologischen Auseinandersetzungen (Kirchengeschichte in Einzeldarstellungen I/6). Berlin 1980.

F. WINKELMANN, G. GOMOLKA – FUCHS: Die byzantinische Kultur. Leipzig 1988.

H. WOLFRAM: Geschichte der Gothen. 2. Aufl. München 1980.

– :Das Reich und die Germanen. Zwischen Antike und Mittelalter. Berlin 1990.

ZEITTAFEL

347 11. Januar Kaiser Theodosius I. in Cauca (in Gallaecia, einer römischen Provinz auf der iberischen Halbinsel) geboren.

um 370 Alarich, König der Westgoten, geboren.

376 Heirat Theodosius I. mit Aelia Flavia Flaccilla (aus spanischem Provinzadel).

377 Kaiser Arcadius geboren.

378 Schwere römische Niederlage im Kampf gegen die Westgoten in der Schlacht bei Adrianopel auf dem Balkan.

379 Theodosius I. wird Kaiser des östlichen Reichsteils.

381 Zweites ökumenisches Konzil der Kirche in Konstantinopel.

383 Arcadius von Theodosius I. zum Augustus erhoben.

384 Kaiser Honorius geboren.

386 Kaiserin Aelia Flavia Flaccilla gestorben.

387 Heirat Theodosius I. in zweiter Ehe mit Galla, Tochter der Kaiserin Iustina und Schwester des Kaisers Valentinian II. (beide im westlichen Reichsteil).

389 Kaiserin Galla Placidia geboren.

392 Letzte heidnische Feste in Rom.

393 Letzte Olympische Spiele im Altertum.

393 Honorius von Theodosius I. zum Augustus erhoben.

394 Kaiserin Galla gestorben.

394 Nach dem Sieg des Theodosius I. über Eugenius, Usurpator im westlichen Reichsteil, ist das Römische Reich von September 394 bis zum Tod des Kaisers am 17. Januar 395 letztmalig in einer Hand.

395 Theodosius I. 17. Januar in Mailand gestorben. Endgültige Teilung des Reiches in ein Weströmisches (Hauptstadt Mediolanum / Mailand, seit 402 Ravenna) und in ein Oströmisches Reich (Hauptstadt Konstantinopel/

Istanbul). Honorius wird Herrscher des Weströmischen, Arcadius Kaiser des Oströmischen Reichs; ranghöchster Heermeister in Westrom wird Stilicho, vandalischer Abkunft, in Ostrom Rufinus, gallischer Herkunft.

395 Alarich erhebt sich zum König der Westgoten.

395 27. April Heirat des Kaisers Arcadius mit Aelia Eudoxia, Tochter des romanisierten Heermeisters im westlichen Reichsteil, Bauto, fränkischer Abkunft, Schwester des Heermeisters Arbogast.

395 Streichung aller heidnischen Feiertage aus dem römischen Festkalender.

seit 395 bis um 450 Häufige Einfälle der Hunnen in das Oströmische Reich.

396 Augustin wird Bischof von Hippo in Nordafrika.

397 4. April Ambrosius, Bischof von Mailand, gestorben.

397 – 398 Erhebung des Gildo in Nordafrika.

398 Heirat des Kaisers Honorius mit Maria, Tochter Stilichos.

399 Eutrop, erster Kammerherr des oströmischen Kaisers Arcadius, wird einmalig in römischer Geschichte zum Konsul und Patrizius ernannter Eunuche.

399 19. Januar Aelia Pulcheria, Tochter des Arcadius, geboren.

399 – 400 Gainas, von gotischer Abkunft, ranghöchster Heermeister im Oströmischen Reich.

401 Kaiser Theodosius II. geboren.

401 Abzug römischer Truppen aus Britannien und vom Rhein zur Sicherung Italiens vor den Goten.

402 6. April Schlacht bei Pollentia in Ligurien, insgesamt in dem Jahr drei Niederlagen der Westgoten unter Alarich durch Stilicho, Alarich aus Italien verdrängt.

402 Verlegung der weströmischen Kaiserresidenz von Mailand in das leichter zu verteidigende Ravenna.

404 6. Oktober Kaiserin Aelia Eudoxia gestorben.

405 – 406 Einfall des gotischen Heerführers Radagais in Italien, Schlacht bei Faesulae in Etrurien, Sieg Stilichos mit hunnischer Unterstützung, 23. August 406 Radagais hingerichtet.

407 Johannes Chrysostomos, Patriarch von Konstantinopel (seit 398) in der Verbannung in Armenien gestorben.

407 In der Silvesternacht von 406 zu 407 dringen die Stämme der Vandalen, Alanen und Sueben über den Rhein nach Gallien und können nicht mehr zurückgedrängt werden.

seit 407 Erneutes Aufbrechen der Bagaudenbewegung in Gallien.

407 – 411 Usurpator Constantinus III. im Weströmischen Reich.

408 1. Mai Kaiser Arcadius gestorben. Nachfolger als Kaiser Ostroms wird Theodosius II.

408 Sturz Stilichos und seine Ermordung in Ravenna.

408 Nach dem Tod Marias heiratet Honorius in zweiter Ehe Thermantia, Tochter Stilichos.

408 Ende des Jahres erste Belagerung Roms durch Alarich. Auf Weisung des Senats Ermordung von Serena, der Frau Stilichos.

408 Flucht von etwa 40 000 Sklaven vorwiegend germanischer Herkunft aus dem belagerten Rom zu Alarich.

409 Vandalen und Sueben überqueren die Pyrenäen und dringen in Spanien ein.

409 Zweite Belagerung Roms durch Alarich. Auf Druck Alarichs setzt der römische Senat den heidnischen Stadtpräfekten Roms Priscus Attalus zum Gegenkaiser gegen Honorius ein. Priscus Attalus, faktisch Gefangener der Westgoten, amtiert von 409 bis 410 und noch einmal von 414 bis 415.

410 Dritte Belagerung Roms durch Alarich und Einnahme der Stadt am 24. August. Galla Placidia muß als Gefangene die Westgoten auf ihren weiteren Zügen begleiten.

410 Alarich gestorben, bei Consentia in Süditalien (Cosenza) im Fluß Busento bestattet (»Das Grab im Busento«, Ballade von August Graf von Platen).

410 Athaulf König der Westgoten (bis 415).

411 – 414 Niederwerfung der sozialen Bewegung der Agonistiker (Circum-cellionen) in Nordafrika.

411 – 413 Usurpator Iovinus im Weströmischen Reich.

411 – 421 Flavius Constantius ranghöchster Heermeister im Weströmischen Reich.

412 – 413 Empörung des Heraclianus, des Mörders Stilichos, in Nordafrika; 7. März 413 in Karthago hingerichtet.

413 Burgunder erhalten als Föderaten unter ihrem König Gundahar (Guntiar) Siedlungsland in der Rheinpfalz mit der Hauptstadt Worms.

414 Januar Galla Placidia heiratet den Westgotenkönig Athaulf in Narbo (Narbonne) in Gallien.

415 – 418 Vallia, König der Westgoten.

417 1. Januar Galla Placidia heiratet den weströmischen Heermeister und Patrizius Flavius Constantius.

417 oder 418 Iusta Grata Honoria, Tochter des Flavius Constantius und der Galla Placidia, geboren.

418 Westgoten erhalten als Föderaten Siedlungsland in Aquitanien im südwestlichen Gallien.

418 – 451 Theoderich I., König der Westgoten.

419 2. Juli Kaiser Valentinian III., Sohn des Flavius Constantius und der Galla Placidia, geboren.

420 – 422 Krieg Ostroms mit dem neupersischen Sasanidenreich.

421 7. Juni Kaiser Theodosius II. heiratet die Athenerin Athenais, die den Namen Aelia Eudocia annimmt.

421 8. Februar Flavius Constantius wird von Honorius als Mitherrscher zum Augustus erhoben, stirbt aber bereits am 2. September desselben Jahres.

422 Licinia Eudoxia, Tochter des Theodosius II. und der Aelia Eudocia, später Gattin des Kaisers Valentinian III., geboren.

423 Anfang des Jahres flieht Galla Placidia wegen Streitigkeiten mit ihrem Bruder Honorius mit ihren Kindern zu Theodosius II. nach Konstantinopel.

423 7. August Kaiser Honorius gestorben.

423 – 425 Usurpator Johannes im Weströmischen Reich.

425 Mit Unterstützung oströmischer Truppen unter dem Kommando der Heerführer Ardabur und Aspar kehrt Galla Placidia mit ihren Kindern nach Italien zurück. Im Mai Hinrichtung des Johannes.

425 23. Oktober Erhebung des sechsjährigen Sohnes der Galla Placidia als Kaiser Valentinian III. des Weströmischen Reichs.

425 – 437 Dominierender Einfluß Galla Placidias auf die weströmische Politik.

425 – 430 Flavius Felix ranghöchster Heermeister im Weströmischen Reich.

428 – 477 Geiserich, König der Vandalen und Alanen.

428 Verschwörung des Bonifatius in Nordafrika, sucht bei den Vandalen in Spanien Unterstützung.

429 Frühjahr Überquerung der Meerenge von Gibraltar von Vandalen und Alanen nach Nordafrika, jedoch nicht zur Hilfe für Bonifatius, sondern zur Begründung eines eigenen Königreiches.

430 28. August Tod des Bischofs Augustin von Hippo während der Belagerung durch die Vandalen.

430 – 454 Flavius Aetius nach Beseitigung von Rivalen ranghöchster Heermeister im Weströmischen Reich.

431 Drittes ökumenisches Kirchenkonzil in Ephesos.

434 – 453 Attila, König der Hunnen.

435 Aetius zum Patrizius erhoben.

435 11. Februar Föderatenvertrag Westroms mit den Vandalen in Nordafrika.

436 Vernichtende Niederlage der Burgunder durch hunnische Bundesgenossen des Aetius, Tod Königs Gundahar, Ende des burgundischen Königreichs in der Rheinpfalz.

437 29. Oktober Heirat des Kaisers Valentinian III. mit Licinia Eudoxia.

438 Veröffentlichung der Gesetzessammlung Codex Theodosianus.

438 oder 439 Eudocia, Tochter Valentinians III. und der Licinia Eudoxia, geboren.

439 Eroberung Karthagos durch die Vandalen.

zwischen 439 und 443 Placidia, Tochter Valentinians III. und der Licinia Eudoxia, geboren.

440 – 461 Leo I., Bischof von Rom und Papst der katholischen Kirche.

440 – 441 Krieg Ostroms mit dem Sasanidenreich.

442 Aufhebung des Föderatenverhältnisses mit den Vandalen. Besitznahme Siziliens durch die Vandalen. Verlobung Hunerichs, des Sohnes von Geiserich, mit Eudocia.

443 Die nach der Niederlage von 336 verbliebenen Burgunder erhalten erneut als Föderaten Siedlungsland in der Landschaft Sapaudia in der westlichen Schweiz mit der Hauptstadt Genava (Genf).

449 Sogenannte Räubersynode von Ephesos.

450 Kaiser Theodosius II. am 28. Juli gestorben.

450 25. August Marcian wird Kaiser des Oströmischen Reiches; Pulcheria, die Schwester des verstorbenen Theodosius II., heiratet ihn in der sogenannten Josephsehe.

450 27. November Galla Placidia gestorben.

451 Viertes ökumenisches Kirchenkonzil in Chalkedon.

451 Schlacht auf den Katalaunischen Feldern in Gallien zwischen Aetius und den weströmischen Föderaten einerseits und Attilas Hunnen und deren Bundesgenossen andererseits. Abzug der Hunnen aus Gallien.

452 Attilas Hunnen plündern Städte in Norditalien.

453 Tod Attilas in Pannonien in der Hochzeitsnacht mit gotischer Prinzessin.

453 Juli Kaiserin Pulcheria gestorben.

454 Vernichtung der Bagaudenbewegung durch ein westgotisches Heer.

454 Nach der Schlacht am Fluß Nedao in Pannonien zerfällt das Hunnenreich, Sieg des Königs der Gepiden Ardarich.

454 21. September Ermordung des Aetius in Rom auf dem Palatin persönlich durch Kaiser Valentinian III.

454 oder 455 Heirat der Placidia, der Tochter Valentinians III., mit Anicius Olybrius, im Jahr 472 für kurze Zeit weströmischer Kaiser.

455 16. März Ermordung des Kaisers Valentinians III. in Rom durch zwei ehemalige Leibwächter des Aetius.

455 17. März – 31. Mai Petronius Maximus weströmischer Kaiser.

455 Ende Mai König Geiserich besetzt Rom.

456 Heirat Hunerichs mit Eudocia.

456 Hilderich, Sohn Hunerichs und der Eudocia, geboren. Er ist 523 – 530 König der Vandalen.

457 27. Januar Tod des Kaisers Marcian.

460 20. Oktober Tod der Kaiserin Aelia Eudocia in Jerusalem (Witwe Theodosius II.).

461 Lugdunum (Lyon) wird Hauptstadt des burgundischen Königreiches.

461 oder 462 Anicia Iuliana, Tochter Olybrius' und der Placidia, geboren.

471 oder 472 Tod der Eudocia (Gattin Hunerichs) in Jerusalem.

476 4. September Absetzung des letzten weströmischen Kaisers Romulus Augustus, Spitzname Augustulus, durch Odoaker, König der Germanen in Italien. Ende des weströmischen Kaisertums.

GENEALOGIE

Theodosius I. ∞ 1. Aelia Flavia Flaccilla

- **Aelia Eudoxia** ∞ Arcadius
  - Marcian ∞ **Pulcheria**, Flaccilla, Arcadia, Marina
  - Theodosius II ∞ **Aelia Eudocia**
    - Valentinian III. ∞ **Licinia Eudoxia**
    - Arcadius, Flaccilla
- Honorius ∞ 1. Maria, 2. Thermantia

Theodosius I. ∞ 2. Galla

- **Galla Placidia** ∞ 1. Athaulf ∞ 2. Constantius III.
  - Theodosius
  - Justa Grata Honoria
  - Valentinian III. ∞ **Licinia Eudoxia**
    - Hunerich ∞ Eudocia
      - Hilderich
    - Placidia ∞ Anicius Olybrius
      - Anicia Juliana

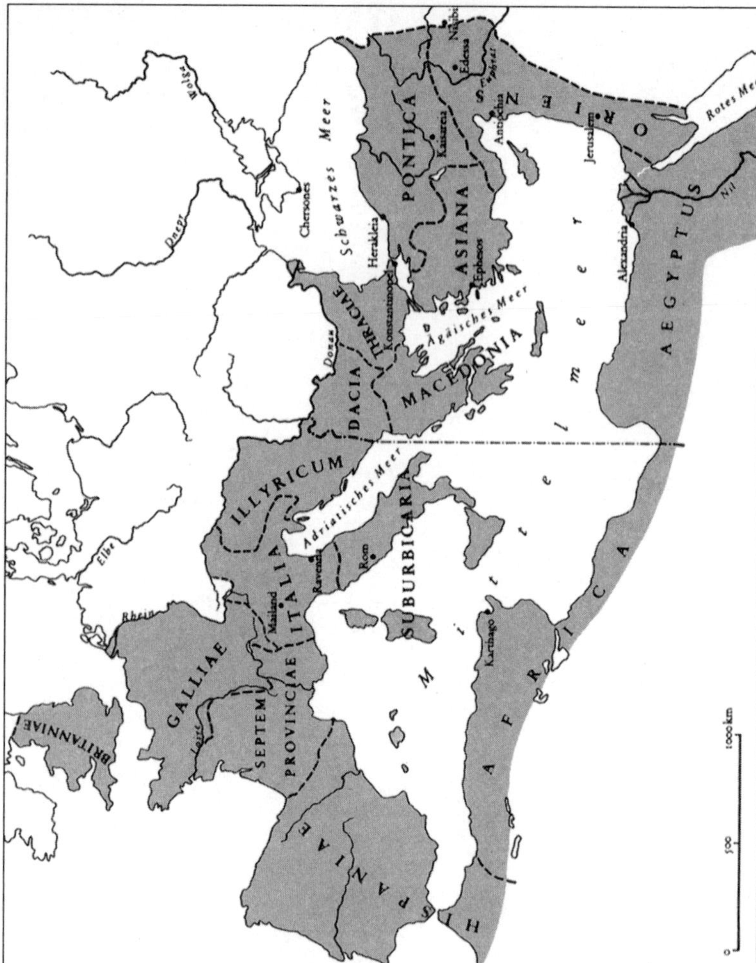

Ost- und Westrom um 408

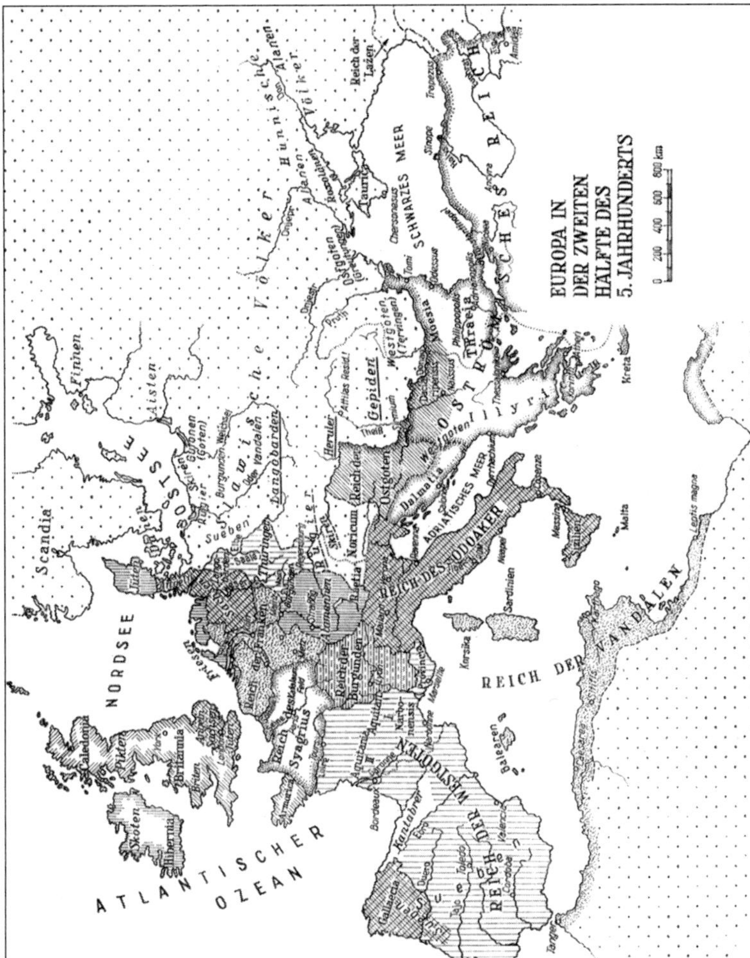

Europa in der zweiten Hälfte des 5. Jahrhunderts

BILDNACHWEIS

Archiv Alinari, Florenz: S. 11
Archiv für Kunst und Geschichte, Berlin: S. 17 l., 17 r., 32
Benziger Verlag, Geschichte der Kirche: S. 33, 45, 54, 73
Beyer, Klaus G., Weimar: S. 71, 72
Bibliographisches Institut & Brockhaus AG, Mannheim: 52 l., 135 r.
Deutsche Fotothek, Dresden: S. 16, 115
Deutsches Archäologisches Institut, Rom: S. 50, 114, 116, 117, 130, 140
Effenberger, Arne, Berlin: S. 52 r., 127
Foto Andersen, Rom: S. 58
Hamann, Klaus und Margret E., Berlin: 52 r.
Hell, Helmut, Reutlingen: S. 31
Hirmer, Fotoarchiv, München: S. 15 l., 15 r., 17 u., 48, 49, 78, 98, 128, 131, 135 l., 139, 148
Holle, Bildarchiv, Baden-Baden: S. 133
Kunsthistorisches Museum Wien: S. 159
Landesmuseum Trier: S. 47
Mazenod, Jean, Paris: S. 8
Österreichische Nationalbibliothek, Handschriftensammlung, Wien: S. 94
Oost, Irvin, London: S. 57, 79 o., 79 u., 81
Preußischer Kulturbesitz, Antikenmuseum, Berlin: S. 13, 14 o., 14 u., 53, 96, 156, 157
Sammlung E. de Rothschild, Paris: S. 51
SCALA, Antella, Florenz: S. 37, 129

Karte S. 190 aus: F. Winkelmann/G. Gomolka-Fuchs, Die byzantinische Kultur, Leipzig 1988, S. 16
Karte S. 191 aus: R. Günther/A. R. Korsunski, Germanen erobern Rom, Berlin 1988, S. 64/65

MUSTERSEITE